Möller | Homer. 100 Seiten

* Reclam 100 Seiten *

MELANIE MÖLLER, geb. 1972, ist Professorin für Klassische Philologie an der FU Berlin. Für verschiedene Tageszeitungen schreibt sie zu aktuellen Themen ihres Fachs.

Melanie Möller

# Homer. 100 Seiten

RECLAM

2022 Philipp Reclam jun. Verlag GmbH,
Siemensstraße 32, 71254 Ditzingen
Umschlaggestaltung: Philipp Reclam jun. Verlag GmbH
nach einem Konzept von zero-media.net
Infografik (S, 12 f. und S. 17 f.): annodare GmbH, Agentur für Marketing
Bildnachweis: akg-images: S. 1 (© Science Source / SCIENCE SOURCE), 66 (Erich Lessing), 79, 97; Wikimedia Commons: S. 7, (Schoen Collection), 20 (Marie-Lan Nguyen), 33 (Elizabeth Simpson), 44, 93; Autorenfoto: © privat
Druck und Bindung: Esser printSolutions GmbH ,
Untere Sonnenstraße 5, 84030 Ergolding,
Printed in Germany 2023
RECLAM ist eine eingetragene Marke
der Philipp Reclam jun. GmbH & Co. KG, Stuttgart
ISBN 978-3-15-020590-7

Auch als E-Book erhältlich

www.reclam.de

Für mehr Informationen zur 100-Seiten-Reihe:
www.reclam.de/100Seiten

## Inhalt

## Annäherung: Der erzählte »Homer«

Es gibt wohl keinen Autor, über den mehr spekuliert worden ist als über Homer. Jedenfalls keinen, dessen Werke von vergleichbarem Einfluss sind wie die *Ilias* und die *Odyssee*. »Wer auch immer Homers Person zu fassen suchte, hat schließlich doch nur einen zerrinnenden Schatten umarmt«, so lautete 1935 der ernüchternde Befund des Philologen Erich Bethe. *Einen* Schatten – oder gleich *mehrere*: Zahllose Forscher streiten bis heute darüber, ob wir es mit einem Einzeldichter (so die Position der sogenannten »Unitarier«) oder einem Kollektiv, einem ganzen Heer von Schatten (so die »Analytiker«), zu tun haben, wobei die Feldforschung zur Oral Poetry im 20. Jahrhundert den großen Einfluss mündlicher Erzähltraditionen auf die beiden Homer zugeschriebenen Epen zutage gefördert und damit die Frage nach dem Autor weiter ins Ungefähre gerückt hat. Angeregt von Friedrich August Wolf, dem Begründer der Philologie als moderner Disziplin, hatte bereits Friedrich Nietzsche 1869 den Namen »Homer« als »aesthetisches Urteil« eingestuft; andere wie der britische Gräzist Martin L. West empfahlen, den Dichter nur mit dem Buchstaben »P« zu benennen (für »the Poet of the Iliad«).

Die Autorin dieses Büchleins hegt wider bessere Überzeu-

»Hat er denn überhaupt gelebt?« – So bündelte Joachim Latacz 2008 die skeptischen Fragen nach Homers Existenz.

gung eine große Sympathie für die vor allem im deutschen Sprachraum verbreitete Tendenz, Homers historische Existenz für wahrscheinlich zu halten. Um seine ethnische Herkunft wird genauso gerungen wie um seine namentliche Identität: Nicht erst seit den Thesen des Dichters Raul Schrott wird am Beispiel Homers auch darüber gestritten, ob der ›Beginn‹ der europäischen Literatur in den Westen oder in den Osten gehöre: Ist Homer »Vater des Abendlands« oder »Eunuch aus dem Orient«? Die Frage ist längst zum Politikum geworden. Homer jedoch ist heterogen, ist divers im eigentlichen Sinne des Wortes. Er ist Projektionsfläche und Sehnsuchtsgestalt, er beflügelt Visionen, Phantasien, Träume, und das keineswegs erst seit der großen »Homeromanie« des 18. Jahrhunderts (zumal in Deutschland); in der Antike selbst hat man schon früh (etwa ab dem 6. Jahrhundert v. Chr.) über den großen Meister zu spekulieren begonnen – waren biographische Entwürfe, die mit unterhaltsamen Anekdoten geschmückt waren, doch sehr beliebt.

Wie dem auch sei: Am Beginn der westöstlichen Literaturgeschichte steht ein Name, der die Absurdität des Vorhabens, die Verbindung von Autor und Werk individualbiographisch anzugehen, auf eine Formel bringt: HOMER.

Wenn der Fokus im Folgenden also nicht nur auf die Texte, sondern auch auf »den« Autor gelegt wird, dann im beständigen Wissen darum, dass dieses Gelände vermint ist. Die Gefahren hat die antike Literatur in Theorie und Praxis selbst ausbuchstabiert: Sie liegen in der Wesensverschiedenheit von Kunst und Leben begründet. Mit konkretem Blick auf Homer hat bereits der subversive Satiriker Lukian von Samosata im 2. Jahrhundert n. Chr. das Abenteuer dieser biographischen Rekonstruktion auf den Punkt gebracht: Von Homer gebe es, »seine Poesie abgerechnet«, nichts Zuverlässiges zu sagen. Daraus zieht Joachim Latacz die zutreffende Bilanz: »Sowohl die Haupt-Diskussionspunkte zur Person Homers als auch die Folgerung, die Lukian aus der Diskussion zieht, sind in den rund 2000 Jahren bis heute grundsätzlich gleichgeblieben« (*Homer-Handbuch*, S. 1). Unter diesen Bedingungen erfand sich die Literaturgeschichte ihren Anfang. Hinzu kommt die generische Spezifik: Helden-Epen sind keine autoreferentielle Lyrik, und so bieten uns die Homer zugeschriebenen Werke selbst für Spekulationen über sein Leben wenige Spielräume. Und doch gibt es sie, diese äußerst reizvollen Spielräume – ihre Grenzen werden in den folgenden Kapiteln ausgelotet.

**In einem Satz vorweggenommen**

In der *Ilias* geht es um den Groll des griechischen Helden Achill vor den Mauern des belagerten Troja im neunten, dem bereits vorletzten, Kriegsjahr, bis zum Tode Hektors, des Haupt-Helden der Trojaner.

Die *Odyssee* schildert die zehnjährige Irrfahrt des sagenhaften Odysseus auf seiner Heimreise nach dem Sieg über Troja, die Suche seines Sohnes nach dem Vater sowie die Rückeroberung der Heimat durch beide.

## Dichtung auf Reisen: Das Leben der Rhapsoden

Im alten Griechenland gab es den Typus des fahrenden Sängers. Ob Homer selbst einen solchen verkörperte, ist zwar unsicher; doch es zogen Sänger durch die Lande, die seine Dichtungen zum Besten gaben, soviel ist gewiss. Wie haben wir uns das Dasein dieser reisenden Kleinkünstler vorzustellen, und was verrät das über das literarisch-kulturelle Leben der Zeit?

Als Bezeichnung für die fahrenden bzw. wandernden Sänger kursierte neben »Rhapsoden« auch »Aoiden« oder, im Anschluss an ihren vermeinten Gegenstand, »Homeriden«. Grundsätzlich erfasst die Nomenklatur den Sänger als professionellen Rezitator, wie er für die Präsentation der griechischen Epik von ca. 1600 bis 800 v. Chr. üblich war. Der Begriff Rhapsode setzt sich zusammen aus dem griechischen Verb *rhaptein* (»nähen«) und dem Substantiv für »Gesang« (*ode*). So wäre ein »Rhapsode« denn eine Art Wiederkäuer: jemand, der »Gesänge aus schon vorhandenem Material näht«. Eine spätere kritische Implikation ist nicht auszuschließen – einem solchen Rhapsoden ließe sich der kreativere »Aoidos« gegenüberstellen. Doch zunächst war die Kreativität auch der Rhapsoden über jeden Zweifel erhaben. Denn vor der Verbreitung der Schrift um 800 v. Chr. mussten die Gesänge extemporiert, das heißt aus dem Gedächtnis wiedergegeben, improvisiert werden, was immer neue Kompositionen erforderte. Im Übergang zur Schriftkultur wurden die bewährten oralen Techniken mit den neuen schriftbasierten kombiniert: eine kreative Schnittstelle, an welcher wir unseren Homer ansiedeln dürfen.

Fest steht außerdem, dass Musik das Leben im alten Griechenland wesentlich bestimmte; auch die Wortkunst ist ohne sie nicht denkbar und war in der Regel an einen konkreten musikalisch untermalten Aufführungsrahmen gebunden. Gesang und Rezitation standen in hohem Ansehen, wie Homer selbst verbürgt (*Odyssee* 13, 28: »auch sang vor ihnen der göttliche Sänger, unter den Völkern geehrt, Demodokos«; vgl. *Odyssee* 17, 385). Kein Wunder, dass es sich sogar der als grausam gezeichnete Achill im 9. Buch der *Ilias* (Verse 186–189) nicht nehmen lässt, der Leier sanfte, nachgerade melancholische Töne über den »Ruhm der Männer« (*klea andron*) zu entlocken. Erste Aoiden gab es womöglich in den frühmykenischen Burgen. Ihre Wanderung und damit die Erweiterung ihres Wirkkreises dürfte etwa 1100 v. Chr. eingesetzt haben, also rund hundert Jahre nach dem vermuteten historischen Datum der Ereignisse um Troja (wenn man die wissenschaftliche Rekonstruktion der mythischen Welt so weit treiben möchte).

Unter dem Namen »Homeriden« reüssierte eine Gruppe von Rhapsoden (Pindar, *Nemeische Oden* 2, 1), die sich als biologisch erste Generation nach Homer und als eine Art Nachlassverwalterschaft betrachtete und vor allem auf der Insel Chios (dem möglichen Geburtsort Homers) verbreitet war. Als populärster unter ihnen galt Kynaithos, von dem es heißt, er habe den Texten auch eigene Verse untergejubelt: eine Tätigkeit, die unter dem Namen »Interpolation« firmiert. Daneben etablierte sich der Titel für die diversen Homer-Vereine, in denen sich weniger Rhapsoden als vielmehr Anhänger versammelten, die bis in hellenistische Zeiten nachweisbar sind. Möglicherweise gab es sogar eine Art Sänger-Gilde. Ob auch Schulen mit einem spezifischen, auf mehrere Jahre ausgerichteten Ausbildungsangebot existierten, lässt sich nicht mit Bestimmtheit sagen. Jedenfalls bedurften die Sänger beachtlicher Qualifikationen, fachlicher wie sozialer Art: Die in Homers Epen gebotenen Beispiele des Demodokos (im 8. Buch der *Odyssee*) und des Phemios (im 1. und 22. Buch der *Odyssee*) zeigen Meister ihrer Zunft, die den generationenübergreifenden Stoff so gut beherrschten, dass sie gleichsam »auf Zuruf« loslegen konnten. Auch mit den gesellschaftlichen Hintergründen und Erwartungen ihres Publikums bzw. ihrer (meist adligen) Auftraggeber waren sie vertraut. Vor allem aber mussten sie musikalisch sein. Gestützt auf die Vermutung, dass Homer selbst Sänger, Dichter und »Instrumentalist« in Personalunion war, wird man davon ausgehen dürfen, dass mindestens zwei der Voraussetzungen von einem fahrenden Sänger zu erfüllen waren.

Zu den Instrumenten gehörte ein hohles Gerät namens »Phorminx«, eine Art Leier, eine Ahnin der späteren Lyra oder Kithara mit Halteband, die auch zum Tanz aufspielte. Sie erzeugte einen »klaren« bzw. etwas ambivalent als *ligys* (»hell«, aber auch »schrill«) bezeichneten Klang und war sowohl mit einem Joch als auch mit Darmsaiten ausgestattet; darüber hinaus bestand sie aus einem hölzernen bauchigen Schallkörper und einem kreisförmigen Seitenhalter sowie aus zwei Armen mit einem verbindenden Querbalken. Über diese waren wohl zunächst vier, später aber auch sieben Saiten gespannt. Eine

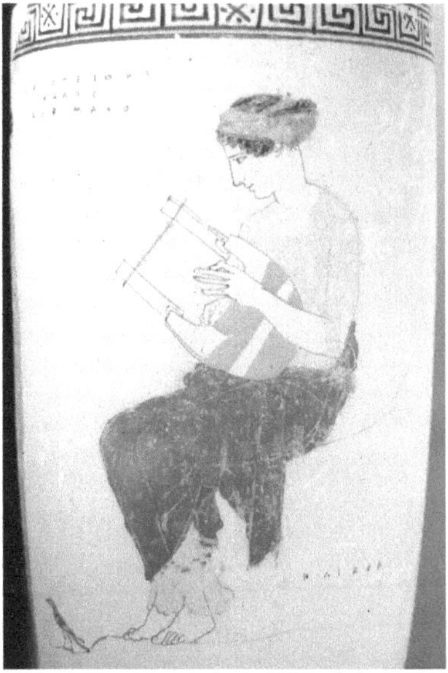

Eine Muse spielt auf einer Kithara; Malerei auf einem Tongefaß (sogenannte Lekythos) aus dem späten 5. Jahrhundert v. Chr.

gewisse Plausibilität hat die Vermutung erlangt, dass sie im Durchschnitt über sieben Saiten verfügte und in Sitzhaltung gespielt wurde, jedoch wohl noch nicht mit einem Plektron, welches zumindest Homer nicht erwähnt, sondern mit den bloßen Fingern.

Ihre Kunstfertigkeit mussten die Sänger auch in Wettbewerben unter Beweis stellen; die homerischen Epen selbst waren fester Bestandteil sogenannter Rhapsoden-Agone bzw. -Aufführungen, die vor allem bei Festen und Gelagen stattfanden oder in Spiele oder Leichenzüge integriert waren. Homer zu rezitieren war eine Institution z. B. an den Panathenaien, die alle vier Jahre zu Athen stattfanden. Neben Homers Epen gehörten etwa auch die beißenden Jamben des Archilochos von Paros (7. Jahrhundert v. Chr.) ins Arsenal der Rhapsoden. Hinzu kamen andere Götter- und Heldenlieder. So wurden diese Sänger zu bedeutenden Vermittlern des kulturellen Erbes. Ihre Beliebtheit scheint erst mit der »sokratischen Wende« in der Philosophie im späten 5. Jahrhundert v. Chr. erhebliche Einbußen erlitten zu haben, so dass Sokrates den Rhapsoden Ion aus Ephesos in Platons gleichnamigem Dialog als verblendeten Einfaltspinsel aus einer vergangenen Zeit vorführen kann, der besser beharrlich sein Epos weiter vorgetragen hätte als auf Sokrates' seine Ahnungslosigkeit bloßstellende Fragen zu antworten (Sommer 2015, S. 80). Doch so weit sind wir noch lange nicht – noch steht die gesungene Dichtung in voller Blüte.

## Der blinde Sänger aus Chios

Es gab von jeher verschiedene Beweggründe, Homer zu vereinnahmen – dazu gehört neben kulturnationalen Bestrebungen auch die menschliche Sehnsucht nach einem *protos heuretes*, einer universalen Gründerfigur sozusagen. Auf Homer trifft das in besonderer Weise zu: Er fungiert als Fluchtpunkt so mancher auch wider besseres Wissen ausgelebten Urszenen-Phantasie. Einen literaturgeschichtlichen Höhepunkt stellt in dieser Hinsicht die (nicht nur deutsche) Romantik um Johann Jakob Winckelmann und andere Griechenbegeisterte im 18. Jahrhundert dar, die in Homer ein so unverbildetes wie begnadetes Naturgenie sahen, einen vom Olymp gefallenen Meister. Doch auch in antiken Literaturarrangements thronte Homer bereits einsam an allen denkbaren schöpferischen Spitzen. Man denke vor allem an Aristoteles, der in dem eher nüchternen Vorlesungsskript, welches später als *Poetik* in die Annalen eingehen sollte, Homer als den »Erfinder« verschiedener Gattungen pries, nicht nur des Epos und der Tragödie, sondern auch der Komödie, indem er ihn als Verfasser einer Parodie über einen Tölpel namens »Margites« anführt, der als ein antiepischer Gegenheros konzipiert ist.

Das ist nun keineswegs unrühmlich für den Verfasser, dass er nicht nur erhabene Stoffe, sondern auch ›Schmierenkomödien‹ produziert haben könnte; vielmehr wurde es als Ausweis seiner Vielseitigkeit betrachtet. Von den Homer zugeschriebenen Texten wurden aber vor allem die beiden Epen, *Ilias* und *Odyssee*, schon früh zu universalen Lehr- und Lerngegenständen auch außerhalb der Rhapsoden-Welt. Die Popularität der Texte führte alsbald zu einer intensiveren Beschäftigung mit dem Leben eben jenes »Homer«. Es ist nämlich durchaus nicht so, dass »die« Antike wenig Interesse am Leben ihrer Autoren aufgebracht hätte; dieses Klischee, das unter anderem von Jacob Burckhardt im 19. Jahrhundert forciert wurde, hat sich jedoch hartnäckig gehalten und lebt in Teilen bis heute fort. Seit es Literatur gab, haben sich Leser auch für das Leben der Autoren interessiert. Über Homer wollte man sogleich alles Mögliche wissen oder gab etwas zu wissen vor, obwohl so vieles im Dunkeln lag – oder eben gerade deshalb. Das begann wohl schon im 6. Jahrhundert v. Chr. mit dem Dichter Theagenes aus dem süditalischen Rhegion, der der allegorischen Homer-Deutung zuneigte, erreichte eine nennenswerte – und nachweisbare – Intensität allerdings erst mit den großangelegten Recherchen in hellenistischer Zeit (also rund 300 Jahre später), wie sie z. B. auch die verlorene Schrift *De poetis* des Aristoteles prägten. Eifrig suchte man nach einer adäquaten Familie für Homer – und wurde u. a. im Mythos fündig, bei berühmten Sängern wie Orpheus oder Musaios.

Das biographische Material ist vor allem in den Homer-Viten versammelt, von denen sich neun erhalten haben unter den Namen *Vita Herodotea*, *Pseudo-Plutarch-Vita* I und II, *Vita Romana*, *Vita Scorialensis* I und II, *Vita Procli*; hinzu kommen das anonyme *Certamen Homeri et Hesiodi* (als deutscher Titel hat sich »Über Homer und Hesiod, ihre Abkunft und ihren Wettstreit« eingebürgert) aus dem 3. Jahrhundert n. Chr. und der Eintrag »Homeros« im Autorenlexikon *Suda*. Sie alle sind lange nach Homers Lebens- und Schaffenszeit entstanden, und auch zwischen ihnen sind erhebliche zeitliche Distanzen zu verzeichnen: Die *Suda* datiert aus dem 10. nachchristlichen Jahrhundert und ist damit rund 1700 Jahre jünger als Homer: eine kleine Ewigkeit. Wie bei Biographien üblich, wurde einiges Material mehrfach verwendet und vieles wiederholt; gleichwohl wurde im Laufe der Zeit an kleineren und größeren Stellschrauben gedreht.

Bei vergleichender Betrachtung kristallisieren sich sechs Themenkomplexe heraus, die zu den typischen Merkmalen antiker Biographie gehören: Zunächst werden Herkunft und Geburtsort dargelegt, wobei mitunter allgemeinere topo- oder geographische Informationen ausgebreitet werden. Die Namen werden gerne mit etymologischen Hintergründen angereichert (was oftmals spekulativ gerät: sogenannte Volksetymologie). Es folgt die Vorstellung des ausgeübten Berufs und der unternommenen Reisen; schließlich werden Tod und Todesumstände geschildert. Eine Werkaufzählung kommt meistens am Ende. Um die Glaubwürdigkeit zu verbürgen, werden die Informationen dezidiert als Referate kundiger Dritter präsentiert und mit – angeblichen – Originalzitaten abgesichert. Mehrheitlich haben wir in den Homer-Viten also Collagen vor uns; individueller ausgestaltet sind lediglich die *Vita Herodotea* und das *Certamen*. Dem *Suda*-Eintrag liegt offenbar eine Quelle aus Sammlungen *de viris illustribus*, »über berühmte Männer«, zugrunde. Widmen wir uns im Folgenden den Details, wobei wir uns weitgehend das Schema der antiken Viten zunutze machen.

# Die Welt Homers – und der *Ilias*

Angeführt sind die in diesem Buch erwähnten Orte.

Schwarzes Meer
Troas
Troja
Ägäis
Kyme
Phokaia
Neon Teichos
Erythrai
Smyrna
Lydien
Chios
Chios
Kolophon
Samos
Ephesos
Ikaria
Delos
Naxos
Karien
Ios
Lykien
Kreta

Zunächst einmal: Wann lebte er eigentlich? In heroischer Zeit? Vor, nach, zeitgleich mit Hesiod, der sich eher auf didaktische Dichtung kaprizierte? Schon das weiß man nicht, wenn auch Homers Lebenszeit mit einiger Plausibilität irgendwann zwischen 750 und 650 v. Chr. anzusetzen ist. Dies vor allem wird im *Certamen* verhandelt; der Kontrahent Hesiod wird mit der Wende vom 8. ins 7. Jahrhundert v. Chr. assoziiert, was für einen Teil der Forschung zugleich den *terminus ante quem* für Homer ergibt, soll heißen: Die (erste) schriftliche Fassung der *Ilias* muss *vorher* entstanden sein. Wie in den anderen Viten werden auch im *Certamen* einige mögliche Herkunftsorte Homers angeführt: Am häufigsten werden im Ringen der sprichwörtlichen sieben Städte Chios und Smyrna in Mäonien (Lydien in der heutigen Türkei) genannt. Manch einem galt er als Ägypter wegen seiner Götterkenntnis, als Babylonier wegen seiner astrologischen Expertise oder als Syrer, da er keinen Fisch esse bzw. in seinen Epen keiner verzehrt werde. Waren Chios oder Smyrna sein Geburtsort, könnte er in Ios im Süden der Insel Naxos gestorben sein. Seinen engeren Wirkkreis bildete wohl die westkleinasiatische Küste (mit den vorgelagerten Inseln Chios, Samos, Ikaria), v. a. die Region von Phokaia bis Ephesos. Reisen brachten ihn über Kyme in die Troas, im Süden über Lydien nach Karien (und ggf. Lykien). Erfreuliche Bilanz dieser Vermutungen: Wir haben es mit einem grenzüberschreitenden Phänomen zu tun.

Noch größer ist die Unklarheit bezüglich seiner Familie. Mal gilt Homer als uneheliches Kind von niedriger Abkunft; daran hängt die Legende, er habe zeit seines Lebens vor allem mit einfachen Leuten verkehrt (was wiederum den aus dem Werk abgeleiteten Affinitäten zur Lebenswelt des Adels widerstreitet, in welcher er aufgewachsen sein soll). Manche halten ihn für einen Bettler, weil *homeros* eigentlich »die Geisel« bedeutet. Wieder andere versichern, er sei ein Sohn des lydischen Flussgottes Mäon und der Melanope oder einer Baumnymphe. Im *Certamen* wird ein Stammbaum geboten, in welchem Homer als Sohn des Telemach und der Epikaste, einer Tochter des weisen Nestor, bezeichnet wird, mit möglichem Bezug auf die aus den Ödipus-Dramen bekannten Figuren. Während Homer hier, wie meistens, als Verfasser beider Groß-Epen – *Ilias* und *Odyssee* – gilt, soll sein angeblicher Schwiegersohn Stasinos die *Kyprien* verfasst haben; so bliebe immerhin alles rund um den Troja-Mythos Gewobene doch wenigstens in einer Familie.

Von Beruf soll Homer Volksschulleiter gewesen sein und *grammata*, also die basalen Tätigkeiten des Lesens und Schreibens, unterrichtet haben – wie sein Stiefvater. Irgendwann aber wurde er, so die Erzählung, von einem Reeder namens Mentes (eine der Figuren, in deren Rolle die Göttin Athene in der *Odyssee* schlüpft) angeheuert; mit ihm fuhr er zur See, um verschiedene Länder und Städte zu besuchen, einen Großteil der Orte, die seine Epen bevölkern – eine typische »Autopsie«-Legende, wie sie auch von anderen Epikern, etwa Vergil, kolportiert wird (»Ich habe das alles *mit meinen eigenen Augen gesehen*, es ist also wahr!«). Unter diese Aufenthaltsorte zählen u. a. Kyme, Smyrna, Etrurien, Spanien, Ithaka, Kolophon, Neon Teichos, Phokaia, Erythrai, Chios, Samos, Athen, Korinth, Argos, Delos und Ios.

Zur Vertiefung der Unsicherheit über Zeiten und Räume trägt der Name des Dichters bei. Ja, wie heißt er denn überhaupt? »Homeros« und »Melesigenes« werden in acht von neun Viten alternativ als Namen gegeben. Daneben ist aus Aristoteles *De poetis* noch »Meles« überliefert. Der Name »Homer« hat sich schließlich durchgesetzt; er wiederum hat einen bunten Reigen an etymologischen Erklärungsversuchen hervorgebracht. Von einiger Durchschlagskraft war die Deutung Friedrich Gottlieb Welckers im Jahr 1835, derzufolge dem Namen das Verb *homourarisko* mit der Bedeutung »zusammenfügen« zugrunde liegt. Den Namen übersetzte Aristoteles mit »Gefolgsmann«, der Lexikograph Hesychios mit »Bürge«, daneben gibt es die »Geisel«; in diesen Deutungsversuchen schwingt einige gesellschaftlich-soziale Semantik mit. Damit konkurrieren recht hand- bzw. beinfeste physiologische Erklärungen: So könnte sein Name auch auf sein pelziges Bein (*meros*) zurückzuführen sein. Haarige Angelegenheit! Oder war Homer doch »der Blinde« (*ho me horon*, »der Nicht-Sehende«)? Und wenn ja: Hieß er nur so, oder war er tatsächlich blind, was immerhin die knappe Mehrheit, nämlich fünf von neun Viten nebst zahlreichen anderen, abhängigen wie unabhängigen Quellen und Testimonien behauptet? Keinen Zweifel lässt auch der *Hymnos an Apollon*: »Blind ist der Mann und wohnt auf der bergigen (Insel) Chios, ja dessen Lieder sind für alle Zeit die besten« (Verse 172–173). Die Zuweisung dieser Beschreibung sowie des ganzen Hymnos an Homer nimmt wiederum kein Geringerer als der für seine Nüchternheit gerühmte Historiker Thukydides (5. Jahrhundert v. Chr.) vor; als Autor kommt jedoch eher der Rhapsode Kynaithos (etwa 6. Jahrhundert v. Chr.) infrage. Andererseits wissen die frühesten uns bekannten Belege nichts von einem blinden Homer; und nicht erst der neuplatonische Philosoph Proklos war skeptisch angesichts der schriftstellerischen Produktivität des Dichters. Letztlich ist die Blindheit schon früh auch als literarkritische Kategorie in Anschlag gebracht worden: Demnach sei nicht Homer blind, sondern diejenigen seien es, die ihn nicht ver-

# Wie sah er aus?

Orient oder Griechenland? Jung oder alt? Blind oder sehend? Rhapsode oder »Schriftsteller«? Und bedeutet »Homer« nicht eigentlich »pelziges Bein«? Wie stellen Sie sich HOMER vor? Basteln Sie sich *Ihren* Homer!

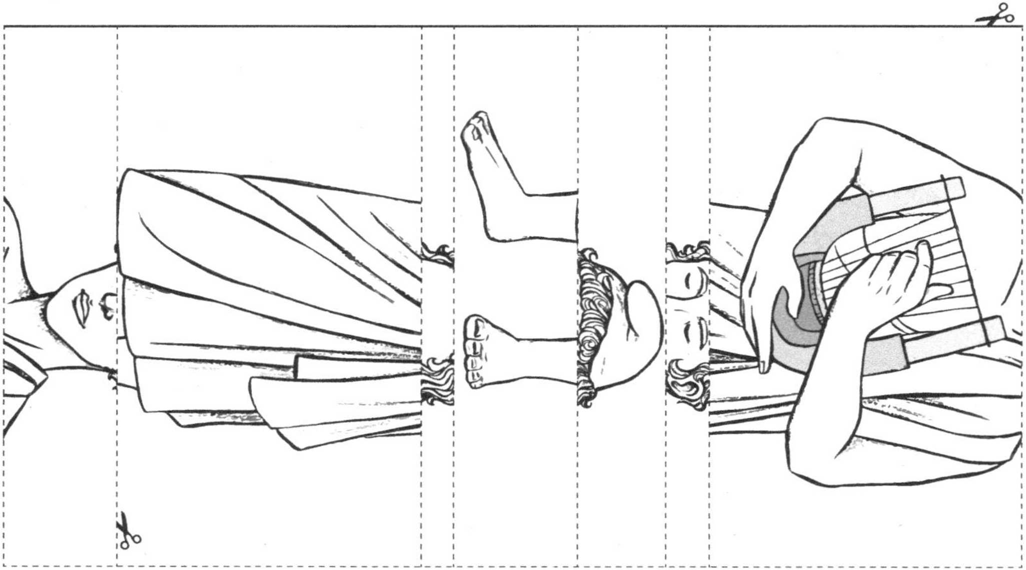

stünden, also mit geistiger Blindheit geschlagen seien, wo *er* doch so unermesslich viel gesehen habe.

Können wir wenigstens sein äußeres Erscheinungsbild etwas konkreter fassen? Zunächst ist der Befund bei den bildlichen Darstellungen ähnlich trist wie bei den Textzeugnissen: Es gibt wenige Beispiele aus alter Zeit. Aus jüngerer haben wir hingegen vornehmlich Porträts und Münzbilder. Diese lassen sich häufig durch *inscriptiones*, also Beischriften, identifizieren, denn besondere äußere Merkmale weisen sie selten auf. Es handelt sich eher um idealisierende Bilder; nicht selten weist der Dichter dabei Züge eines Gottes bzw. konkret des Zeus auf.

Eindrucksvoll ist schon das älteste Porträt aus der Mitte des 4. Jahrhunderts v. Chr.: Darauf trägt eine ältere Person einen charakteristischen welligen Bart und gelocktes, längeres Haar. Hinzu kommt ein weit geöffnetes, nach rechts blickendes Auge. Die *inscriptio* vermerkt im Genitiv: *Homerou* – »des Homer«. Bemerkenswert ist auch die Holzstatue Homers im »Homereion« zu Smyrna, die entfernt an Rodins *Denker* erinnert; sie ist mit einer Buchrolle ausgestattet und trägt ebenfalls die Beschriftung *Homerou*. Es gibt weitere, ähnliche Darstellungen, von denen Homer einige zusätzlich mit Szepter zeigen, einige erkennbar in der Buchrolle lesend (wie auf der kaiserzeitlichen sogenannten *Tabula Iliaca*), was beträchtliche Folgen für die Authentizität seiner Blindheit bzw. des Gerüchtes über diese hat. Doch gibt es neben den sehenden auch blinde Homer-Bildnistypen (wie den im British Museum am Anfang des Buches). Das Bronzeporträt aus der Münchner Glyptothek, das in diversen Kopien auf uns gekommen ist, bleibt in puncto Blindheit insofern vage, als es den Sänger mit geschlossenen Augen zeigt – sie können auf Blindheit oder Schlaf hindeuten. Dominant ist jedenfalls das »Paar seiner Brauen«, gestaltet »voll Feinsinn mit mächtigen Wülsten«, das auf seine Weisheit hindeutet (Zitate nach der Beschreibung des spätantiken Dichters Christodoros). Neben den Bildnissen gibt es Reliefs, etwa das aus drei Friesen bestehende mit Homers Apotheose aus der Mitte des 2. Jahrhunderts v. Chr. – wieder ist der Dichter mit Szepter und Buchrolle ausgestattet, auf einem Thron sitzend und mit den allegorisierten »Kindern« *Ilias* und *Odyssee* zu seinen Füßen (im untersten Fries). Im Hintergrund erkennt man die Personifikationen der Zeit (*chronos*) und der Welt (*oikumene*). Daneben treten weitere personifizierte sowie allegorische Gattungen in Erscheinungen, wie sie ein Stieropfer vorbereiten.

Zu den wiederkehrenden Attributen gehören der Bart, längeres, eher schütteres Haar, das ein fortgeschrittenes Alter ausweist, wobei die Haare manchmal bis auf den Rücken reichen und das Alter bisweilen noch durch zusätzliche Falten, Runzeln oder Furchen markiert wird. Die gelegentlich auftauchende Haarbinde könnte auf einen festlichen Kontext verweisen (eine Siegesfeier?) oder ein nach seinem Ableben angefertigtes Kultbild repräsentieren.

Die Apotheose Homers in einem Marmorrelief aus dem 3. Jahrhundert v. Chr.

## Wer war er, und wenn ja, wie viele?

Das Phänomen Homer hat, wie gesehen, bereits den antiken Literaturforschern Rätsel aufgegeben. In den Zweifeln an seiner Person liegen die Wurzeln der später so titulierten »Homerischen Frage«, der philologischen Frage also nach der Autorschaft von *Ilias* und *Odyssee*. Sie impliziert die Entschlüsselung der Werkgenese sowie der Identität ihres oder ihrer Verfasser bzw. aller am Entstehungsprozess beteiligten Instanzen. Bis heute gibt es keine eindeutigen Antworten auf diese Fragen. Einen ersten Meilenstein in der kritischen Homer-Forschung setzte die hellenistische Philologie: Der Homer-Exeget Zenodot vollzog im 3. Jahrhundert v. Chr. die Einteilung der Epen in je 24 Bücher, Aristophanes von Byzanz und Aristarch von Samothrake nahmen in ihren kritischen Untersuchungen der Texte Streichungen vor; allerdings hat keiner von ihnen nachweislich die Verfasserschaft Homers infrage gestellt. Doch entwickelte sich bereits im 2. vorchristlichen Jahrhundert die streitbare Schule der sogenannten Chorizonten (»Unterscheider«) um Xenon und Hellanikos, die an einen einzelnen Verfasser, schon gar beider Epen, nicht glauben wollte. Seitdem hat man die Homerische Frage hitzig diskutiert.

Den größten Abdruck hat ohne Zweifel der Auftritt Friedrich August Wolfs auf der philologischen Bühne hinterlassen. Er, der sinnbildlich »reißende Wolf«, gilt als Urvater der »Analysten«, derjenigen also, die an den homerischen Werken mehr als ein Paar unschuldiger Hände am Werke sehen. Zu dieser Annahme haben ihn die zahlreichen Widersprüche veranlasst, die der Text und seine Deutung sowie die divergenten Erkenntnisse der Homer-Philologie zutage gefördert hatten: Diese legte er ausführlich in seinen *Prolegomena ad Homerum* (1795) dar.

Mit Wolfs Namen vor allem wird in der Folge die »Homerische Frage« verbunden, die sich die Klärung der Epen-Genese auf die Fahnen geschrieben hat. Daraus ist rasch ein kleiner Fragenkatalog geworden, der hier nochmal gezielt durchgeblättert werden soll: Steht hinter den Epen überhaupt ein Autor im herkömmlichen Sinne? Wenn ja, stammen beide Epen von ein und demselben? Wenn nein, stammt jeweils ein Epos von Anfang bis Ende von *einem* Autor? Wenn ja, handelt es sich um einen eigenständig arbeitenden, »originellen« Dichter oder um einen bloßen Sammler und Redakteur? Oder beides? Und inwieweit hat er die eigenen Texte rezitiert? Dieser Fragenkatalog lässt sich noch beträchtlich erweitern bzw. weiter ausdifferenzieren. Aber die Tendenzen scheinen doch klar, und sie gehen auf die von Wolf konkretisierten beiden Entstehungsvarianten zurück: Zum einen wäre denkbar, dass ein ursprünglich mündlich überlieferter Kern irgendwann (wahrscheinlich unter Peisistratos, der im 6. Jahrhundert v. Chr. über Athen herrschte) schriftlich fixiert und dann immer wieder ergänzt und erweitert wurde, bis in hellenistischer Zeit die uns heute vorliegende Version entstand, was die Grammatik des Textes nahelegt. Dabei wird nochmal unterschieden zwischen der sogenannten »Liedertheorie«, die von aneinandergereihten Einzelgesängen ausgeht (Karl Lachmann), und der Erweiterungstheorie, die an einem originalen Kernstück festhält, welches im Lauf der Zeit angereichert worden wäre. Hier wird in den 1880er Jahren auch Ulrich von Wilamowitz-Moellendorff ansetzen, der vier Bearbeiter vermutet und versucht, eine »Ur-Ilias« schichtweise freizulegen. Die zweite Entstehungsvariante folgt der sogenannten »Kompilationstheorie«, derzufolge ein Dichter mehrere in sich homogene Einzelerzählungen zu einem Ganzen vereinigt hat.

In diesen verschiedenen Hypothesen spiegelt sich der grundlegende Konflikt: Den Analysten (zu denen Wolf gehört), welche die *Ilias* für von Rhapsoden vorgetragene, veränderliche Liedsammlungen halten, stehen die Unitarier gegenüber, die, mal mehr, mal weniger emphatisch, an der Einheit des Autors festhalten. Zwischen den Stühlen sitzen diejenigen, die beide Epen, die *Ilias* und die wohl rund fünfzig Jahre später entstandene *Odyssee*, verschiedenen, aber in sich homogenen Verfassern zuweisen. Nicht von ungefähr fällt die Phase der radikalen oder gemäßigten Zerlegung mit der Zeit der Aufklärung zusammen. Die unitarische Seite, die gerade Homer zum ultimativen Genie verklärte, erhielt starken Aufwind durch den romantischen Geniekult. Hier war es vor allem Johann Joachim Winckelmann, der Homer im 18. Jahrhundert zum unhintergehbaren Maßstab erhob. In jüngerer Zeit hat sich mit der »Neoanalyse« ein Kompromiss herausgebildet, der die ordnende Hand eines Dichters erkennt, welcher verschiedene mythologische, folkloristische Traditionen kombiniert habe. Und was, wenn die ›Vermittler‹ wie der immer noch als Übersetzer geschätzte Wolfgang Schadewaldt richtig lägen? Wenn am Anfang – oder in der Mitte oder am Ende –

eines oder beider Werke ein einzelner Autor gearbeitet hätte, zu dem sich dann mehrere Bearbeiter gesellt hätten? In der Summe bleibt ein großes Redaktionsprojekt, das mündliche Überlieferung und künstlerische Einzeltalente miteinander verbindet.

Wichtige Einsichten in Geschichte und Eigenart der mündlichen Überlieferung verdanken wir der sogenannten Oral-Poetry-Forschung um den US-amerikanischen Philologen Milman Parry, der hier im 20. Jahrhundert neue Akzente setzen konnte. Erste Vorstöße in diese Richtung hatte im 19. Jahrhundert u. a. bereits Gottfried Hermann gewagt, indem er auf wuchernde mündliche Elemente in der Textstruktur wie die Formelhaftigkeit vieler Verse oder Versteile und der zahlreichen Epitheta ornantia (»schmückenden Beiwörter«) verwies (z. B.: »der *pfeilschnelle* Apoll«, »der *vielkluge* Odysseus«, »die *kluge* Penelope«, »die *flechtenschöne* Kalypso«). In seiner Studie über *l'Epithète traditionnelle dans Homère* unterfütterte Parry die Formelhaftigkeitsthese statistisch und leitete daraus ein »Gesetz der epischen Ökonomie« ab: Die Zahl der Beiwörter musste überschaubar bleiben, um eine Überlastung des Gedächtnisses zu vermeiden. Hinzu kamen Befunde der Feldforschung über die serbokroatische Epik: Zum einen wurde nachgewiesen, dass eine einigermaßen konsistente Stofftradition maximal über drei Generationen stabil bleibt; zum anderen wurden die Bedingungen eruiert, unter denen die fahrenden Barden ihre Gesänge präsentierten und die sie zu diversen Umstrukturierungen zwangen, wodurch auch Fehler bewirkt wurden.

Mit der zunehmenden Digitalisierung der Philologie entstehen weitere Möglichkeiten, zwar nicht der vollständigen Abbildung der Vortragsproblematik, jedoch der Rekonstruktion der textuellen wie performativen Situation. Für die homerischen Epen ergab sich aus all dem jedenfalls die Hypothese, dass beide lange Zeit nur mündlich und ab der zweiten Hälfte des 8. Jahrhunderts v. Chr. in Schriftform weitergegeben wurden, möglicherweise von eben jenem Homer, der den Übergang von der Mündlichkeit zur Schriftlichkeit mit seinem guten Namen markiert. Mit der Einführung des Alphabets und der Entstehung der Schriftkultur um 800 v. Chr. (die Funde eines Tongefäßes und eines Gefäßfragments – der Dipylon-Kanne in Athen und des Nestor-Bechers in Pithekoussai – belegen dies) sind auch diese traditionellen Gesänge verschriftlicht worden, die etliche zeitgenössische Reflexe enthalten. Wolfgang Rösler problematisiert die eigentümliche Zwischenstellung der homerischen Epen, indem er sie, auch in kritischer Auseinandersetzung mit Friedrich Kittlers *Geburt des Vokalalphabets aus dem Geist der Poesie*, als logische Folge der zunehmenden Literalität einer Bildungsgesellschaft interpretiert (Rösler 2006).

Wie ist der Stand heute? Global betrachtet, haben die vielschichtigen Arbeiten der Analysten für großes Aufsehen gesorgt. Im deutschen Kulturraum scheinen die Stimmen der Unitarier etwas vernehmlicher. Zu stark wirkt das romantische Bild vom sakrosankten Autor nach, zu gerne hält man an einem geschlossenen Autorideal fest. Auch die radikalsten Analysen haben nicht verhindert, dass der Name »Homer« von den meisten mit einer Autorpersönlichkeit assoziiert wird.

Hier geraten wir in die komplexen Fahrwasser der Theorie und Geschichte von Autorschaft. Die Schockwirkung im Falle Homers hat womöglich am treffendsten Johann Wolfgang Goethe auf den Punkt gebracht, dem wir auch das berühmte

»Sieben Städte zankten sich drum, ihn geboren zu haben;
Nun da der Wolf ihn zerriß, nehme sich jede ihr Stück.«
Johann Wolfgang Goethe, *Der Wolfische Homer*

Distichon *Der Wolfische Homer* (siehe das Zitat oben) zu verdanken haben. Sein nüchterner Befund (in den *Tag- und Jahresheften* 1821, S. 935): »Die gebildete Menschheit war im Tiefsten aufgeregt, und wenn sie schon die Gründe des höchst bedeutenden Gegners nicht zu entkräftigen vermochte, so konnte sie doch den alten Sinn und Trieb, sich hier nur eine Quelle zu denken, woher so viel Köstliches entsprungen, nicht ganz bei sich auslöschen.« Aber ist dies nicht ein Effekt, der sich für jede postulierte Autorschaft feststellen ließe – der in diesem prominenten Fall nur besonders dramatisch zur Geltung kommt? Ist Homer der erste Testfall für die postmoderne Theorie über den – in den Worten Roland Barthes' – »Tod des Autors«? Das könnte man durchaus sagen. Geht man von der Rhapsoden-Hypothese aus, so hätten diese als Erzähler mündlich tradierter Texte ohnehin jegliche Verbindung zu dem oder den vormaligen Autoren gekappt. Egal ob ein solcher Autor am Anfang, in der Mitte oder am Ende steht, egal ob es sich um einen oder zwei oder ein ganzes Kollektiv handelt: Der Autor stirbt spätestens dort, wo die Schrift beginnt, der Text also schriftlich fixiert wird. Homer wird damit zum Mörder seiner selbst. Anders gesagt: Der (am deutlichsten von Stéphane Mallarmé formulierte) Grundsatz der Herrschaft der »langage« kommt bereits hier zu sich selbst: Es spricht die Sprache, nicht der Autor.

Das Problem der Ungleichzeitigkeit von Autor und Text tritt gerade in dieser vom Staub der Jahrhunderte bedeckten

Unschärfe so deutlich zutage wie selten. Homer als vielleicht einer der ältesten europäischen Schreiber hat genauso wenig eine Existenz, die seinem Schreiben voranginge oder es überstiege, wie ein moderner Autor: Seine Hände zeichnen »ein Feld ohne Ursprung«. Schon *Ilias* und *Odyssee* sind (mit ihren »Textern«) konkurrierende »écritures«: Beide sind »Gewebe von Zitaten aus unzähligen Stätten der Kultur«, als frühe Literatur sind sie wie ein »zusammengesetztes Wörterbuch« (Zitate aus Roland Barthes 1967, S. 189 f.). Der Autor ist, nun mit Michel Foucault gesprochen, nicht mehr und nicht weniger als eine Funktionsstelle des Textes: Auch dafür steht »Homer« oder eben »P«. Name wie Buchstabe können zugleich als Code für eine vielstimmige kulturelle Praxis gelesen werden.

## Erster Dichter des Abendlands oder Eunuch aus dem Orient?

Es ist bereits deutlich geworden, wie schwierig es ist, Homers Leben zu rekonstruieren. Das wirkt sich auch auf die zahlreichen Versuche aus, eine konkretere Vorstellung von seinem möglichen Umfeld zu gewinnen. Was zunächst enttäuschend klingt, entpuppt sich auf den zweiten Blick als Gewinn: Die Vielfalt von Homers Welten macht ihn zum idealen Beschwichtiger eines aufgeregten moralischen Disputs, der im »Klassischen« ein willkommenes Feindbild ausgemacht hat. Die Stürme der »Cancel Culture« brauen sich dicht zusammen über diesem alten weißen (weißbärtigen!) Mann, der ein womöglich unangemessenes Selbstverständnis Europas als »Wiege der Kultur« begründet hat. Und Homer wird diesen Stürmen standhalten wie kaum ein Zweiter, er eignet sich als Korrektiv für eine verengte, einseitige, feindselige Sicht, die mehr Drohkulissen schafft als sachlichen Diskussionsraum eröffnet. Man fühlt sich beinahe wie auf den Schlachtfeldern vor Troja. Auf welche Weise nun kann Homer zur Beruhigung beitragen? Werfen wir einen kurzen Blick auf einige so spekulative wie populäre Thesen zu Homers Welt, um sie im Anschluss mit den dürren historischen

Fakten und, wichtiger noch, ästhetischen Grundfragen zu konfrontieren.

Besonders medienwirksam waren die Versuche des Dichters Raoul Schrott, Homer aus den Klauen der von westlicher Ideologie beherrschten Altphilologie zu befreien. In seinem Kassenschlager *Homers Heimat* (2008) legt er die seiner Ansicht zufolge deutlichen Bezüge zu altorientalischen, vor allem assyrischen Texten offen. Zu dieser These haben ihn auch emsige Abgleiche von die Landschaft beschreibenden Passagen der *Ilias* mit den topographischen Gegebenheiten des assyrischen Kulturraumes geführt, die sein Augenmerk auf die Gegend um Karatepe in Kilikien lenkten, welches er schließlich zu Homers Wirkungsstätte erkor (vgl. die Kritik bei Latacz 2006 oder Rebenich 2008). Dieser soll ein Schreiber griechischer Herkunft gewesen sein, der sich in Assyrien verdingte und sich für den Job kastrieren lassen musste – eine allerdings schmerzhafte Einstellungsvoraussetzung. Jedenfalls habe dieser entmannte Schreiberling die traditionelle Geschichte vom Trojanischen Krieg mit der Lage, die er an seiner Wirkungsstätte vorfand, überblendet. Hinter diesem enttäuschend schlichten Positivismus verbirgt sich aber die eingangs angesprochene kulturpolitische Absicht: die Erschütterung des westlich-abendländischen Selbstverständnisses. Immer wieder betont Schrott die Ignoranz gerade der Hüter des »klassischen« antiken Erbes gegenüber dem Orient und seinen kulturellen Errungenschaften, die zum Teil älteren Datums sind. Dabei schießt er auf Pappkameraden: Solche Rekonstruktionen gibt es schon seit langer Zeit (man muss nur an den Romantiker Friedrich Creuzer erinnern). Die altorientalischen Einflüsse auf Homers Texte (z. B. aus dem *Gilgamesch-Epos*) sind allgemein be- und anerkannt. In der aktuellen Forschung sind naive Leitkulturphantasien ohnehin verpönt. Gleichwohl wird man die Grundsatzfrage stellen dürfen, was mit solchen Erkenntnissen eigentlich gewonnen ist. Gesetzt den Fall, die alten Griechen hätten ihre Kultur mindestens in Teilen nach kilikischem Bilde geformt – was ändert das daran, dass wir es bei der *Ilias* mit einem eigenen, einem neuen, einem anderen Text in seiner spezifischen Komposition und Ästhetik zu tun haben, der zu dem wohl wirkmächtigsten Dokument des griechischen Kulturkreises geworden ist?

Ihre Wurzeln hat diese kritische Stoßrichtung in postkolonialen Tendenzen der Forschung, die von einer westlichen Überformung der Homer-Deutung ausgehen. Stichwort »Black Athena«: In dem dreibändigen Werk (publiziert 1987–2006 unter dem Titel *Black Athena. The Afroasiatic Roots of Classical Civilization*) geht der sinologische Historiker Martin Bernal möglichen Einflüssen der phönizischen und ägyptischen Hochkultur auf die griechische Antike nach, deren Ursprünge er wiederum in (Schwarz-)Afrika ansiedelt, wobei er sich vor allem auf sprachliche Aspekte konzentriert. Bernal behauptet, dass »westliche« Altertumswissenschaften diese Einflüsse leugneten oder doch soweit herunterspielten, dass er ihnen Geschichtsklitterung vorwirft. Für Bernal die logische Konsequenz einer dominanten westlichen Ideologie, die sich wesentlich auf rassistische und imperialistische Klischees stütze. Beweise für seine Dependenztheorie will er reichlich bei Platon und Aristoteles gefunden haben: Demnach seien es vornehmlich Einwanderer aus Afrika, vor allem Ägypten, gewesen, die sich mit einer phönizischen Kolonie vermischt und die griechische Bevölkerung ausgemacht hätten, nicht aus dem Norden stammende, die hier »arische« heißen. Bernals provokante Thesen versetzten die Fachwelt in einigen Aufruhr und lösten teils heftige Kontroversen aus, deren Nachwirkungen in den aktuellen Debatten um »Rassismus« in den Classics, den Altertumswissenschaften, zu beobachten sind. Darüber hinaus tragen sie das Ihre zu den identitätspolitischen Debatten bei.

Nun, die Entwicklungen in der Homer-Rezeption sind komplex und können nicht Gegenstand dieses Essays sein. Nur so viel: Schwarz-Weiß-Malerei hilft auch hier nicht weiter, und die Geschichte hat weltweit gelehrt, dass der Kunst mit Moral nicht beizukommen ist, auch wenn Letztere immer wieder neue Anstürme unternimmt. Mit Homer selbst jedenfalls haben die Vorwürfe wenig zu tun.

Blicken wir noch einmal zurück auf die gewaltige Zeitspanne, mit der wir uns schon bei der bloßen Rekonstruktion von Homer und seinen Welten konfrontiert sehen. Geht man mit einer Vielzahl der Homer-Forscher von der Historizität des Trojanischen Krieges aus, so lässt sich dieser mit einer gewissen Plausibilität als Reflex auf die Überwindung der mykenischen Palastzeit um 1200 v. Chr. deuten. In der Folge trat ein umfassender gesellschaftlicher Wandel ein, der sich bis in die Zeit Homers, also wohl bis in die zweite Hälfte des 8. Jahrhunderts v. Chr. vollzog und noch bis ins 7. fortdauerte. Zur Zeit Homers war die Migrationsphase der Griechen nach Westkleinasien weitgehend abgeschlossen (Milet bestand aus immerhin ca. neunzig Kolonien, so lesen wir in Plinius' *Naturgeschichte* 5, 112). Die Kolonienbildung war vor allem vom prestigereichen Adel betrieben worden (das dokumentieren auch die deutlichen Hinweise auf den eigenen Reichtum in den Epen, die, so althistorische Deutungen, auf die mangelnde Stabilität der darin abgebildeten Gesellschaften verwiesen).

Für diese Zeit können wir ein großes Bevölkerungswachstum annehmen, das von der Einführung des Fernhandels bei den Griechen begünstigt wird. Auch lässt sich für die Mitte des 8. Jahrhunderts v. Chr. eine starke Siedlungsbewegung nachweisen; als eine der ersten Gründungen gilt Pithekoussai im Golf von Neapel (auf der Insel Ischia, ca. 770 v. Chr. gegründet). Andere siedelten sich in Kleinasien oder auf dem Gebiet des heutigen Spanien und Frankreich an; von Kolonisation im engeren Sinne einer »zentralen« politischen Steuerung kann man allerdings nicht sprechen (Grethlein 2017, S. 132 f.). Vielmehr war die Homerische Gesellschaft, wenn man so will, eine Einwanderungsgesellschaft, auch weil es sich um eine *society in transition* handelte (Raaflaub 1998), ein buntes Amalgam aus diversen europäischen und orientalischen Elementen, Traditionen und Werten. Wichtiger als die Herkunft war ohnehin die Zugehörigkeit zu einer Familie; man kann durchaus von einer ›clanartigen‹ Struktur dieser archaischen Gesellschaften reden. Dabei war Ehre (*time*) eine wichtige Kategorie für den sozialen Status (als *agathos*, »Guter«, *aristos*, »Bester« oder eben *kakos*, »Schlechter«). Prestige konnte im Prinzip jeder gewinnen oder auch wieder verlieren. Laut Bruno Snell ging »die soziale Ordnung eher auf ein instinktmäßiges Verhalten zurück [...] als auf Vertrag und Absprache« (Snell 1968, S. 38). Bis zu einem gewissen Grad spiegelt sich die soziale Mobilität auch in den homerischen Epen wider.

Was heißt das für die Topographie der homerischen Epen? Während Ithaka noch nicht vom Klimawandel verrückt oder gar von der Landkarte getilgt wurde, lässt sich der Streit um die historische Lage Trojas nicht schlichten (was auch nicht nötig ist): Es ist nicht unabdingbar für die Lektüre zu wissen, ob Troja an der kleinasiatischen Küste lag, ob in Kilikien oder

Schliemanns Frau Sophia, effektvoll behängt mit dem angeblichen »Schatz des Priamos«. Foto von 1873.

sonstwo. Aber es ist verlockend, und das nicht zuletzt wegen der spekulativen Aura dieses Wissens. Betrachtet man die populären Hypothesen zur historischen Verortung Trojas vergleichend, lässt sich kaum mehr als der Grad der Spekulativität gegeneinander abwägen. Noch heute hat der Sensationsfund des angeblichen Priamos-Schatzes durch Heinrich Schliemann, der zur Identifikation des anatolischen Hügels Hisarlık (oder Wiluša) mit Troja führte, einige Anhänger (vgl. dazu Korfmann 2002, Latacz 2010, Weber 2006); das ungünstige Höhenprofil von Hisarlık ist nur *ein* Grund für die vielen

Zweifel, die zu alternativen Lokalisierungsversuchen oder zur Abstandnahme von jeglichen Rekonstruktionsbemühungen führten (so schon deutlich Ulrich von Wilamowitz-Moellendorff mit Blick auf Schliemann).

Was kann man also festhalten? Troja lag mit einer gewissen, wenn auch nicht über jeden Zweifel erhabenen Wahrscheinlichkeit an den Dardanellen und unterhielt in mykenischer Zeit gute Handelsbeziehungen zum Hethiterreich. Außerdem wird im Werk die Nähe der Trojaner zu Phrygien betont. Darüber hinaus überlagern einander zu viele Schichten, als dass ihre Sezierung in dem Befund eines unwiderruflich verbürgten Troja gipfeln könnte. Auch jede Analyse der wirtschaftlichen und politischen Hintergründe hätte sich an den drei im Text fassbaren Zeitstufen – der mythischen, der erzählhistorischen und der abfassungsgeschichtlichen – abzuarbeiten. Folglich bleibt Troja ein erratischer Block in seiner historischen Unfasslichkeit. Umso besser für die Rekonstruktionsphantasien der Herrinnen aller Länder!

Man sieht also: Schon am vermeinten Beginn der europäischen Literatur ist die Gemengelage kaum überschaubar. Sie ist bunt und wild und besteht aus mehreren miteinander vermischten kulturellen Strängen aus Ost und West oder sonst woher. Homers Texte lassen sich keinesfalls für einfache Welterklärungen in den Dienst nehmen. Sie stellen ihre eigene Diversität aus und machen sie zu einem (auch philologischen) Ereignis, das jederzeit als neue, andere ästhetische Erfahrung erlebt werden kann. Diesen Texten wollen wir uns jetzt widmen.

## Homer als Erzähler

Peter Sloterdijk sprach in einem Interview mit der *Neuen Zürcher Zeitung* (30. März 2018) vom »Volksradio Homer«, um die Popularität der homerischen Mythen im Alltag der Athener zur Zeit des Perikles (5. Jahrhundert v. Chr.) zu betonen.

Ausgaben, Zusammenfassungen, Um- oder Nachdichtungen von *Ilias* und *Odyssee* hatten schon bald nach Entstehung der Werke Hochkonjunktur. Gerade an Nacherzählungen gibt es keinen Mangel. Doch kann auch eine noch so konzentrierte Darstellung der Welt Homers nicht ohne seine Texte auskommen. Nach einer knappen Einführung in einige stärker werkbezogene Voraussetzungen (vor allem zu Schrift und Sprache) befassen sich zwei pointiert gehaltene Kapitel mit *Ilias* und *Odyssee*. Ich habe mich dafür entschieden, aus jedem einzelnen Gesang einige wenige Verse zu zitieren, die ich für spezifisch oder repräsentativ halte – inhaltlich, sprachlich, generisch, kulturell, ästhetisch; die *Ilias* wird nach der Übersetzung von Hans Rupé, die *Odyssee* nach derjenigen von Johann Heinrich Voß zitiert (mit leichter Anpassung der Interpunktion). Damit wird zwei Beispielen der Homer-Vermittlung Raum gegeben, die sowohl die Nähe (Rupé) als auch die Fremdheit (Voß) der Homerischen Welten veranschaulichen und dabei auch den metrischen Klang des Textes in heterogener Weise abbilden. Ob wir die *Ilias* nun mit Richard Janko (als »oral dictated text«) und Joachim Latacz (als schriftlich fixierte Fassung) auf die Mitte des 8. Jahrhunderts v. Chr. datieren oder, etwas weniger populär, mit Gregory Nagy in die Mitte des 6. Jahrhunderts v. Chr.: Wir befinden uns in der Anfangsphase der Schriftlichkeit, eine etablierte »Textualität« gab es noch nicht (so Joachim Latacz). Schrift als solche existierte bereits seit längerer Zeit, aber das Alphabet war neu: Zuvor hatten die Griechen nicht die sumerische Keilschrift benutzt, sondern, seit ca. 1500 v. Chr., die minoische Schrift; dabei unterscheidet man die ältere Linear A von der jüngeren Linear B, die wiederum als Vorläuferin des klassischen Griechisch gilt und um 1200 v. Chr. für gute 400 Jahre verloren ging. Mit der Zunahme des Handels erfolgte die Übernahme der phönizischen Konsonantenschrift durch Händler (Reisen bildet – so war es immer, so wird es bleiben), wohl im Raum der Levante (den Ländern am östlichen Mittelmeer). Die Mischung der Sprachen untereinander und mit der Alphabetschrift erwies sich als äußerst konstruktiv.

In dieser Übergangsphase also ist Homer mit seinen epischen Großereignissen anzusiedeln; auch daher erklären sich die vielen rhythmischen Formeln wie z. B. für den Tagesanbruch: »Als aber die rosenfingrige Morgenröte erschien«, die die Sänger bei ihren improvisierten Darbietungen unterstützten. Die homerische Sprache ist eine künstliche Sprache; gewisse Vokabeln und Wendungen sowie metrische Auffälligkeiten des Textes deuten auf ein wesentlich älteres Sprachstadium, was sich wiederum durch die Annahme einer »indoeuropäischen« dichterischen Tradition erklären lässt. Der Text ist im ionischen Dialekt verfasst, wiewohl auch der äolische und vereinzelt der dorische Dialekt eingeflossen sind. Medien wie der Hexameter stammen wohl noch aus (früh)mykenischer Zeit, wofür auch der einschlägige Wortbestand in der *Ilias* spricht. Die Sammlung der verschiedenen Gedichtfassungen soll der athenische Tyrann Peisistratos im 6. Jahrhundert v. Chr. besorgt haben.

In den zahlreichen mündlichen und schriftlichen Nacherzählungen der beiden homerischen Epen sind viele Stränge der Troja-Handlung zusammengeflossen, von denen ein beträchtlicher Teil aus anderen Werken älterer oder jüngerer Zeit stammt, die man unter den Bezeichnungen *Kyklika*, *Kypria* (*Aithiopis*, *Kleine Ilias* und *Iliupersis*) und *Pseudohomerica* zu versammeln pflegt. Hinzu kommt, dass die erstgenannte Gruppe der Kyklischen Epen verloren gegangen ist, wir sie also nur aus Inhaltsangaben in Homer-Manuskripten kennen, welche wiederum auf die Chrestomathie, eine didaktische Auslese des neuplatonischen Philosophen Proklos (5. Jahrhundert n. Chr.), zurückgehen. Auch wo die Ereignisse rund um Troja erzählt werden, bleibt Trojas Untergang ständiger Fixpunkt. Die Vorkriegsereignisse wurden ebenso aufgenommen wie das Folgegeschehen, soweit es nicht in die *Odyssee* eingeflossen ist. Schließlich gibt es, in Entsprechung zur großen Heimkehrerzählung der *Odyssee*, auch *Nostoi*, Berichte über die Rückreise anderer Helden, deren fünf Bücher möglicherweise Agias von Troizen verfasst hat (etwa Mitte 8. Jahrhundert v. Chr.).

Kein Pferd, kein Untergang, nur wenige relevante Todesfälle? Ja, worum ging es denn überhaupt in der »zu Ilion/Troja

**Aus anderer Quelle**

So manches, das in den Trojanischen Sagenkreis gehört, ist in *Ilias* oder *Odyssee* gar nicht zu finden, sondern über andere Werke auf uns gekommen:

- die tödliche Liebesgeschichte zwischen Achill und Penthesilea
- der Tod Achills durch den gezielten Pfeilschuss auf die Ferse von der Hand des (gottgelenkten) Paris

  ▸ Quelle: die *Aithiopis*

- der Streit um die Waffen des toten Achill
- Aias' wahnsinniges Gemetzel in der Schafherde des Odysseus und sein anschließender Suizid

  ▸ Quelle: die *Kleine Ilias*

- die List mit dem Trojanischen Pferd
- der Tod Laokoons und seiner Söhne durch die Schlangen Poseidons
- die Vergewaltigung Kassandras durch Aias
- die Opferung Polyxenas am Grab des Achill
- die Enthauptung des Priamos durch den Sohn des Achill

  ▸ Quelle: die *Iliupersis*

- der Tod des Agamemnon
- die Rache des Orestes an seiner Mutter Klytaimnestra und deren Liebhaber Aigisthos

  ▸ Quelle: die *Nostoi*

gehörigen« (so die Wortbedeutung) *Ilias*? »*Ilias* und *Odyssee* beginnen beide mit einem Gespräch, das böse Folgen hat« (Snell 1976, S. 137). In den Worten Peter Sloterdijks: »Sicher ist nur, daß das Universum der *Ilias* ganz aus den Taten und Leiden des Zorns (*menis*) gewoben ist – so wie die etwas jüngere *Odyssee* die Taten und Leiden der List (*metis*) dekliniert« (Sloterdijk 2006, S. 17). Schauen wir uns den Weg dieses Wortspiels von der *menis* zur *metis* nun genauer an.

Die Mehrheit der heutigen Leser dürfte den Inhalt der beiden Epen in groben Umrissen kennen; Anlass zum Optimismus gab zumal die Tochter des vormaligen US-Präsidenten, Ivanka Trump, als sie verlautbaren ließ, sie plane, »wie alle Eltern«, in der freien Zeit während der »Corona-Krise« die »Re(!)-Lektüre« zwar nicht der *Ilias*, so doch der *Odyssee* (vgl. *The Independent* vom 1. April 2020). Dabei dürfte sie – erst recht, wenn sie ein paar Seitenblicke auf die *Ilias* wirft – feststellen, dass dem Tod in der homerischen Gesellschaft ein ganz anderer Stellenwert eingeräumt wurde als heutzutage, wo man mit aller Gewalt versucht, ihn sich vom Leibe zu halten

> »Krieg und Frieden sind Namen für Phasen eines Lebenszusammenhangs, in dem die Vollbeschäftigung des Todes nie in Frage steht. Daß der Tod dem Helden früh begegnet, auch dies gehört zu den Botschaften des Heldenlieds.«
> Sloterdijk 2006, S. 11

In beiden Epen ist die narrative Organisation mit ihrem beeindruckend konzentrierten Zeitverlauf von außerordentlicher Relevanz. Gut 15700 Hexameter sind auf die 24 Bücher oder »Gesänge« der *Ilias* verteilt, 12100 auf die ebenfalls 24 Bücher der *Odyssee*: Dieses Versmaß, das aus sechs Metren besteht, ist seitdem verbindlich für das Helden-Epos. Sein Schema sei hier mit den jeweils beiden ersten Versen der homerischen Epen in Erinnerung gerufen, ehe wir uns zunächst der *Ilias* zuwenden:

*Ilias*:

Μῆνιν ἄειδε, θεά, / Πηληϊάδεω Ἀχιλῆος,
–∪∪–∪ ∪–/ ––∪∪–∪∪–∪
*Ménin aeíde, theá, / Peléiadeo Achiléos,*
Singe, Göttin, den Zorn des Peleiaden Achilleus,

οὐλομένην, / ἣ μυρί' Ἀχαιοῖς / ἄλγε' ἔθηκε.
– ∪∪ – / – –∪∪ –– / – ∪∪– ∪
*oúlomenén, / he mýri' Achaíois / álge' ethéke.*
Der zum Verhängnis unendliche Leiden schuf den Achaiern.

*Odyssee*:

Ἄνδρα μοι ἔννεπε, Μοῦσα, / πολύτροπον, / ὅς μάλα πολλὰ,
– ∪ ∪– ∪∪ –∪ / ∪– ∪∪ / – ∪∪ – ∪
*Ándra moi énnepe, Músa, / polýtropon, / hósmala pólla,*
Sage mir, Muse, die Taten des vielgewanderten Mannes,

πλάγχθη, ἐπεὶ / Τροίης / ἱερὸν πτολίεθρον ἔπερσε.
– ∪ ∪–/ –– /∪∪– ∪∪– ∪ ∪ – ∪
*plángchthe, epeí / Troiés / hierón ptoliéthron epérse.*
Welcher so weit geirrt nach der heiligen Troja Zerstörung.

## Zorn im Zelt: Die *Ilias*

Die Handlung der *Ilias* setzt mit Buch 1 bereits im neunten Kriegsjahr ein, weit von allem Anfang entfernt. Der Fokus der Erzählung liegt also auf den punktuellen Ereignissen dieses neunten Jahres, nicht lange vor dem Ende des Krieges, wohingegen die eindrucksvolle Vorgeschichte in allerlei Anspielungen eingefangen wird – was verdeutlicht, wie vertraut sie dem Publikum war. Das Werk ist von zahlreichen kompositorischen Problemen gekennzeichnet, was sich vor allem in Wiederholungen äußert – ein typisches Relikt seiner mündlichen Struktur. Daher ist man sich – wie könnte es anders sein – nicht ganz einig über seine »tatsächliche« Länge und Anordnung. Doch dürfte die heutige Textgestalt, die auf die redaktionellen und editorischen Arbeiten der alexandrinischen Philologen im 3. vorchristlichen Jahrhundert zurückgeht und um die Erkenntnisse der Oral-Poetry-Forschung erweitert wurde, der Wahrheit recht nahe kommen.

Das Thema exponieren uns bereits die ersten beiden Verse recht genau: Es geht um die *menis* des Peleus-Sohnes Achill. »Zorn«, besser: »Groll« ist »Europas erstes Wort« (Sloterdijk 2006, S. 9). Der Göttersprössling, dem die Meeresnymphe Thetis infolge ihrer Liebesbeziehung mit dem Sterblichen Pe-

Singe, Göttin, den Zorn des Peleiaden Achilleus,
Der zum Verhängnis unendliche Leiden schuf den Achaiern.

*Ilias* 1, 1–2

leus das Leben schenkte, ist zornig und sorgt dadurch für gewaltigen Stress im Lager der Troja-Feinde, der sogenannten »Achaier« oder einfach – der Griechen. Sein – zu seinem Leidwesen – Vorgesetzter, Agamemnon, der nicht nur der Bruder des um die schöne Helena betrogenen Menelaos ist, sondern auch der »Herr der Männer« (*wanax andrōn*), hat ihm seine geliebte Sklavin Briseis weggenommen, um sich Ersatz für seine eigene Favoritin Chryseis zu schaffen, die Tochter des Apollon-Priesters Chryse, die wieder zurück zu ihrem Vater gebracht werden musste. Der Gott Apollon war nämlich auch arg vergrätzt und hatte dem trauernden Vater geholfen, indem er das Griechenlager mit einer tödlichen Pestwelle überrollte. Das alles erfahren wir im ersten Buch der *Ilias*.

Nun sind Apollon und sein Priester versöhnt, aber der rasende junge Kriegsheld und Leiter des »Ameisenheeres« (»Myrmidonen«), Achill, schimpft verärgert: »Trunkenbold, mit dem Blicke des Hundes und dem Mute des Hirsches!« (Vers 225). Als Herrscher hat es Agamemnon, der »sehr Energische«, nicht leicht, zumal wenn man bedenkt, dass es für die meisten der hier versammelten Helden ohnehin eine eher lästige Pflicht war, dass sie jahrelang vor Troja lungern und Krieg führen mussten: Wer hätte wohl noch alles den Eid geleistet, Menelaos gegen jeden Dieb seiner Helena zu unterstützen, wenn er dieses Ausmaß hätte absehen können? Agamemnon musste schon verwandtschaftsbedingt, Achill kämpfte ohnehin gerne – aber bei Odysseus kann man sich schon vorstellen, dass ihm Besseres in den Sinn gekommen wäre, bei einigen anderen sowieso. Doch sind alle mitgefangen und gegen das noch nicht absehbare Ende des Krieges hin auch noch dem Groll des obersten Myrmidonen ausgeliefert. Dieser in Vers 1 angekündigte Groll wird in »Vers 247 des ersten Gesangs als eingetreten konstatiert« und in »Vers 75 des neunzehnten Gesangs, also gegen Ende der *Ilias*, für abgeklungen erklärt [...]. Dazwischen liegen 11 767 Verse, in denen Achills Affekt elfmal mit den gleichen Worten als immer noch andauernd bezeichnet wird« (Siebler 2004). Schon die Homer-Studien Schadewaldts haben vorgeführt, dass in dieser narrativen Ritardando-Technik gerade der Clou der *Ilias* liegt; schließlich werden im Verlaufe des Textes alle Details von Achills Groll, seine psychosozialen Ursachen und seine verheerenden Folgen, breit entfaltet, bis er im 19. Buch verabschiedet wird.

Es sind jedoch nicht nur Helden ergrimmt, sondern auch Götter, deren Handlungen die der Menschen mehr als nur zu spiegeln scheinen: In Buch 1 (A – so die griechische Bezeichnung) hadern neben dem erzürnten Apollon, dessen Wut der Seher Kalchas abzuhelfen weiß, indem er zur Rückgabe der Chryseis rät, noch Thetis, die Mutter des Achill, sowie Athene, die Gönnerin des Odysseus, mit dem Schicksal und mischen sich kräftig in das Geschehen ein. Und natürlich der Chef: Zeus, der mit seiner Gattin Hera im Streit liegt; diese ist anhaltend empört über Paris' freches Fehlurteil, das Aphrodite samt ihrem Schützling Helena, nicht sie, die Königin der Götter, zur Schönsten erklärt hatte. Am Ende von Buch 1 muss der Streit zwischen dem königlichen Ehepaar von dem »kunstgewandten« Hephaistos, dem Feuer- und Schmiedegott, geschlichtet werden, ausgerechnet vom gehörnten Ehemann der Aphrodi-

Die Göttin der Zwietracht hat den Streit entfacht: Wer von ihnen ist die Schönste – Hera, Athene oder Aphrodite? Der trojanische Prinz Paris (rechts) soll die Wahl treffen. Bestochen mit Macht, Reichtum und der schönsten Sterblichen, wählt er Letztere: Helena – und entscheidet somit zugunsten der Liebesgöttin Aphrodite. Gemälde von Anselm Feuerbach, um 1870.

te, die ihn mit dem aufregenden Kriegsgott Ares betrügt. Vor allem aber stehen am Beginn der Erzählung – die Musen, die Inspirationsgottheiten, als deren Anführer wiederum Apollon gilt. Sie sollen den Groll des Achill künden, der Stimme des Sängers Autorität und Anmut verleihen. Maßgeblich bleibt auch die Ambivalenz des Apollon zwischen seiner Schutzfunktion und einer Ästhetik der Grausamkeit.

Die Bücher 2–7 schildern den ersten Kampftag und zwei Ruhetage; die Bücher 8–10 behandeln den zweiten Kampftag, 11–18 den dritten. In den Büchern 19–23 geht der vierte Kampftag einschließlich der Tötung des trojanischen Haupthelden Hektor durch Achill (in Buch 22) über die Bühne. Buch 24 schließt mit der Auslösung von Hektors Leichnam durch dessen Vater. Die erzählte Zeit umfasst insgesamt 51 Tage, wovon acht der infolge der Pest eingetretenen Situation und neun einem Götterbesuch bei den Aithiopen vorbehalten sind. Elf Tage währt die zarte moralische Gemüter verstörende Schändung von Hektors Leichnam, weitere acht vergehen über diversen Kampfpausen. Vier Kampftage werden ausführlicher geschildert, weitere nicht konkret zugeordnet. Das Figurenensemble ist reichlich bestückt; allein aufseiten der Griechen hat man über 140 gezählt, viele freilich ohne spezifisches Profil, da sie als bloße Todeskandidaten fungieren (die Zahlenangaben folgen der Darstellung Wolfgang Kullmanns im *Homer-Handbuch*, S. 113 f.). Doch werfen wir nach diesem statistischen Einsatz genauere Blicke auf die einzelnen Bücher.

Im zweiten Buch (B) muss Agamemnon lernen, dass Träume trügerisch sein können – und wir dürfen erfahren, dass die Griechen noch komplexer mit dem Irrationalen umgegangen sind, als mancher seit den Tagen Wilhelm Nestles (1940) und Eric Robertson Dodds' (1951) vermutete. Kein Geringerer als Zeus nämlich gaukelt dem Anführer der Griechen vor, er könne Troja einnehmen. Die Folgen sind schwerwiegend und wirbeln alles durcheinander: Es kommt zu Verstellungen, Aufwiegeleien und Fluchtversuchen. Dass physische Entstellung stereotyp mit moralischer zusammengedacht wurde, erfahren wir am Beispiel des »Hassredners« Thersites, des »häßlichste[n] Mann[es], der gegen Troja gekommen: / Säbelbeinig und hinkend auf einem Fuße, die Schultern / Höckrig, gegen die Brust zusammengebogen; darüber / Spitzte sich zu sein Kopf, besät mit spärlicher Wolle« (Verse 216–219; in Nireus hat der Hässliche indes seine schöne Entsprechung: »Nireus, der schönste von allen«, Vers 673). Es ist Odysseus und Nestor, den Intellektuellen auf der Seite der verwirrten Troja-Gegner, vorbehalten, die Lage vor Ort zu stabilisieren. Spätestens im zweiten Buch auch erhellt sich uns die Relevanz von Katalogen für das Epos im Allgemeinen, für Homer im Besonderen: Hier sind es 29 Schiffe mit ihren Kontingenten, die über beinahe 300 Verse mit großer Sorgfalt aufgezählt werden. Auch auf der anderen Seite wird gelistet, allerdings knapper: Der Katalog der Trojaner und ihrer Bundesgenossen umfasst kaum mehr als sechzig Verse. Ein wichtiges Detail, das die Epen durchzieht, sei noch angemerkt: Wenn Götter oder Götterboten – wie hier die geflügelte Iris, die Personifikation des Regenbogens, die hauptsächlich in Heras Angelegenheiten unterwegs ist – eingreifen, dann meistens in getarnter Gestalt. Sie geben den Figuren, vor denen sie erscheinen, stets neue Rätsel auf.

Buch 3 (Γ) wartet mit einer beliebten epischen Technik auf: der sogenannten Teichoskopie (»Mauerschau«). Hier kommt alles zusammen, was Rang und Namen hat, auch die Alten, um zu schauen, was los ist: die Lage checken aus optimal erhöhter Position, die neuesten Nachrichten aus eigener Anschauung, denn die Autopsie stellt ihrerseits ein wichtiges innerfiktionales wie poetologisches Element dar. Was sehen die Trojanerinnen und Trojaner hier? Nun, die Helden der Achaier. König Priamos von Troja lässt sich von seiner neuen Schwiegertochter wider Willen, der schönen Helena, die bedeutendsten griechischen Heroen zeigen. Im Zentrum des dritten Buches steht aber der Zweikampf zwischen dem trojanischen Frauenräuber Paris und dem gehörnten Griechen Menelaos. Man bemerkt deutlich den Unmut der eigenen Leute über das Verhalten des Paris: Sein Bruder, der Thronfolger Hektor, schilt ihn so lange dafür, dass er ganz Troja in seine zwielichtige Liaison verwickelt habe, bis Paris endlich zum Zweikampf bereit ist.

»Unglücksparis, du Held von Gestalt und Mädchenverführer!
Wärest du nie geboren und unvermählt doch gestorben!«

*Ilias* 3, 39–40

Glücklich, aber zugleich wenig rühmlich für Paris: Seine Schutzgöttin Aphrodite, die Entsprechung der phönizischen Astarte, die ihm zur Belohnung dafür, dass er ihr als der Schönsten den Apfel zugerollt hatte, Helena versprach, entrückt ihn aus brenzliger Kampfsituation. Plötzlich ist er also aus aller Augen verschwunden. Sieht gar nicht gut aus für Paris alias Alexandros, dessen Ruf ohnehin nicht der beste ist. Ein Feigling also? Agamemnon ist sich sicher und erklärt seinen auf dem Schlachtfeld verbliebenen Bruder Menelaos zum Sieger.

Der schlechte Eindruck, den die Griechen von den Trojanern haben, steigert sich in Buch 4 (Δ) noch weiter: Wenn auch auf göttlichen Einfluss hin, so werden die Trojaner doch wortbrüchig, das heißt, sie brechen die Eide, die sie eben eingegangen waren, konkret den zwischen Priamos und Agamemnon vereinbarten Waffenstillstand. Menelaos wird verwundet, was seinen Bruder, den König, noch wütender macht. Schließlich drischt man wild aufeinander ein, Bilder schauriger Ästhetik entstehen, wie am Schluss beim Tod des zunächst erfolgreichen Thrakers Peiroos: Der »stieß ihm [seinem Gegner Diores] den Speer in den Nabel, und alle Gedärme / Stürzten heraus auf die Erde, und Nacht umfing seine Augen. / Ihn aber traf, als er forteilen wollte, der Aitoler Thoas / Über der Warze; schon stak der eherne Speer in der Lunge« (Verse 525–527).

Das fünfte Buch (E) wird dominiert vom Griechen Diomedes, dem König von Argos auf der nordöstlichen Peleponnes, der mit den Epigonen gegen Theben auszog, nachdem sein Vater Tydeus im ersten Zug der Sieben gegen Theben gefallen war. Hier wird seine Aristie geschildert, eine Reihe von Kämpfen also, aus denen er siegreich, als »der Beste« (*aristos*), hervorgeht – auch dies ein beliebtes episches Mittel, um einzelne Helden auf verschiedenen Seiten auszuzeichnen. Manche steigern sich dabei in einen regelrechten Blutrausch. Auf trojanischer Seite ist es besonders Hektor, der haltlos wütet. Vor allem mischen hier aber Göttinnen und Götter das Schlachtfeld auf, sogar die Liebesgöttin Aphrodite ist dabei. Warum? Weil sie ihrem Liebling Aeneas, dem gemeinsamen Sohn aus der Verbindung mit dem sterblichen Anchises, zu Hilfe eilt, der

> Dort nun wär' er gestorben, der Männergebieter Aineias,
> Hätte nicht jäh es bemerkt die Tochter des Zeus,
> Aphrodite,
> […].
> Heimlich entführte sie nun den geliebten Sohn dem
> Gefechte.
>
> *Ilias* 5, 311–318

vom nicht zu bändigenden Diomedes verletzt wird. Beim Versuch, den Verletzten in Sicherheit zu bringen, wird die Schöne selbst verwundet. Zuvor hatte sich bereits Athene eingemischt und ihren Schützling Diomedes tatkräftig unterstützt. Sie ist sich nicht zu schade, die in den Olymp zurückgeflüchtete verletzte Liebesgöttin unter den Augen des Göttervaters zu verhöhnen. Natürlich, ihr hatte Paris den köstlichen Apfel ebenso wenig zugesprochen wie Hera, auch sie ist nachhaltig verdrossen. Jedoch bleiben auch die männlichen Götter nicht untätig: Apollon und Ares schlagen sich auf die Seite der Trojaner. Das wiederum dulden die verschmähten Göttinnen nicht: Athene und Hera helfen »ihren« Griechen, und das auch noch mit Unterstützung des Zeus, so dass am Ende der rasende Diomedes sogar den Kriegsgott Ares höchstselbst versehren kann, der sich so verärgert wie vergeblich bei Zeus darüber beklagt. Man sieht: Die Aushandlungsprozesse sind auf göttlicher Ebene ähnlich kompliziert wie auf menschlicher, auf heroischer sowieso.

Nach so viel Kampf und Götterzwist ist in Buch 6 (Z) wieder Zeit für die Liebe – oder was man dafür halten könnte. Hektor trifft kurz vor Ende des Buches auf seine Frau Andromache und den gemeinsamen Sohn Astyanax, dem, das weiß jeder Leser, ein abscheuliches Schicksal droht. Denn leider kann Andro-mache ihrem Namen: »sie kämpft wie ein Mann«, keine Ehre machen, ist sie doch zum Schicksal der leidenden Frau verdammt, die nicht nur Kind – und Mann – verlieren, sondern auch noch vom Sohn des myrmidonischen Schlächters und Mörders ihres Gatten, Neoptolemos/Pyrrhos, der seinen Vater an Grausamkeit noch übertrifft, versklavt werden wird, bevor sie durch den Priamos-Sohn und Seher Helenos erlöst und mit ihm ein spektakuläres neues Troja – Buthrotum, das heutige Butrint an der albanischen Küste bei Sarande – gründen wird. Nichts davon bei Homer; doch schwant Andromache bereits Übles, wenn sie Hektor anspricht: »Unglückseľger, dich tötet dein Mut noch, und du erbarmst dich / Nicht des stammelnden Kindes noch meiner, des elenden Weibes, / Bald nun Witwe von dir« (Verse 407–409). Diese Sorgen werden von der schlechten Grundstimmung, mehr noch von diversen Prophezeiungen verstärkt werden, besonders von denen ihrer Schwägerin Kassandra, der zu beständigen Unkenrufen verdonnerten Zwillingsschwester des Helenus. Hektor wiederum wird auch in dieser Phase nicht müde, den mit seiner geraubten Braut flirtenden Bruder Paris zum Kampf zu ermuntern, und kehrt schließlich mit diesem im Schlepptau aufs Schlachtfeld zurück.

Kämpferisch geht es dann im siebten Buch (H) heftig zur Sache: Held Hektor metzelt mit seinem Bruder Paris und dem »blauglänzenden« Glaukos einige Griechen nieder, bevor er ein von göttlicher Seite (Apollon, Athene) abgesegnetes Zweikampfangebot unterbreitet. Die Wahl des Gegners fällt per Los auf den freudig erregten Aias: »Gleich erkannt' er das Zeichen des Loses und freute sich herzlich, / Warf's vor die eigenen Füße zu Boden und redete also: / ›Wahrlich, mein ist, Freunde, das Los, und ich freue mich selber / Herzlich, weil ich den göttlichen Hektor zu treffen gedenke‹« (Verse 189–193). Nun, die Sache geht vorerst unentschieden aus. Auch der weise Nestor kommt hier häufig zu Wort und schlägt in einer genretypischen Gastmahlszene nicht nur den Bau einer Mauer – war damals schon beliebt, aber nicht nur zur Abwehr, sondern vor allem, um besser gucken zu können –, sondern auch die Bestattung der Toten vor: Beides wird umgesetzt, und wie stets wird dafür eine vorübergehende Waffenruhe vereinbart. Doch der Kampf muss weitergehen: Der Vorschlag von Glaukos' Vater Antenor, die geraubte Helena samt den erbeuteten Schätzen an ihre Besitzer zurückzugeben und so den Krieg kurzerhand zu beenden, stößt nicht auf Gegenliebe. Bei wem wohl nicht? Natürlich, bei Paris nicht. Er stünde dumm da, und obendrein hat ihn die Liebesgöttin nun mal zum Dank für den erlesenen Apfel mit Liebe geschlagen. Andererseits hat man nicht ohne

Grund darauf hingewiesen, dass sich der Krieg spätestens ab diesem Zeitpunkt verselbständigt habe – um Helena und Paris geht es also längst nicht mehr (nur).

In Buch 8 (Θ) wird es dem Göttervater (endlich?) zu bunt: Er erlässt ein Dekret, demzufolge die Götter sich aus dem Geschehen heraushalten sollen – zumindest vorläufig: »Wen ich aber getrennt von den anderen Göttern erblicke, / Willens, den Troern oder Achaiern zu Hilfe zu eilen, / Der soll schmählich geschlagen zurück zum Olympos kehren! / Oder ich fasse und schwing' ihn hinab in des Tartaros Dunkel« (Verse 10–13). Prompt gewinnen die Trojaner wieder leicht die Oberhand. Hektor vor allem trumpft auf und verletzt den Halbbruder des »großen« Aias, den exzellenten Bogenschützen Teukros (nicht zu verwechseln mit dem gleichnamigen ersten König von Troja, nach dem die Trojaner verwirrenderweise auch »Teukrer« genannt werden); dadurch beflügelt, feuert Hektor unermüdlich alle an, was Agamemnon in Unruhe versetzt. Immerhin sendet Zeus selbst dann doch wieder ein günstiges Zeichen Richtung Griechen. Dass seine Gattin und Athene die fliehenden Griechen allerdings schon wieder handgreiflich unterstützen, weiß er zu verhindern.

In Buch 9 (I) erleben wir den Anführer der Griechen, Agamemnon, erneut in äußerst gedämpfter Stimmung. Nun reicht es dem weisen Greis Nestor und dem jungen Wilden Diomedes. Der Alte setzt eine Gesandtschaft an den immer noch bockigen Achill durch. Sie besteht aus Odysseus, Aias und Phoinix sowie zwei Boten. Allein: Der Erfolg bleibt ihnen versagt. Weder mit versöhnlichen Angeboten noch mit lehrreichen Beispielen oder Mahnungen lässt Achill sich umstimmen, er stellt vielmehr seine Abreise in Aussicht. Ist er einfach nur hochmütig, wie Diomedes beim Bericht im eigenen Lager urteilt? Oder ist er im Recht? Haben die Trojaner vielleicht doch die besseren Karten? Die Leser und Hörer aller Zeiten wissen, dass dem nicht so ist. Und trotzdem steigt die Spannung. Wie wird Achill sich verhalten, wie wird er sein Verhalten begründen, wie wird sein Umfeld reagieren? Und was hat es mit der neuen Facette von Achills Persönlichkeit auf sich, wie sie sich in jener berühmten ›Leierszene‹ in *Ilias* 9, 185 ff. verewigt: und sie fanden »ihn, wie er grade sein Herz an der künstlichen, schönen, / Klingenden Leier vergnügte, geschmückt mit silbernem Stege / [...]. Damit erfreut' er sein Herz und besang die Taten der Männer« – der oxymorale Verbund von Sanftmut und Grausamkeit. Ein verstörendes Seitenstück zum *menis*-dominierten, triebhaften, mit Christa Wolff »viehischen« Achill?

Von diesem hören wir im weiteren Verlauf – nichts. Vielmehr haben wir es in Buch 10 (K) mit einem weniger populären Dolon zu schaffen, der dem Buch auch den Beinamen »Dolonie« gegeben hat: ein eher trauriges Schicksal. Buch 10 fällt zum einen dadurch auf, dass es ein Nachtstück ist: Deshalb ist es Homer von verschiedenen Seiten abgesprochen worden. Andererseits ist Buch 10 das Buch der Spione. Während der engagierte Ratgebergreis Nestor das berühmte Duo Diomedes und Odysseus für Späherdienste im trojanischen Lager gewinnen kann, erklärt sich auf trojanischer Seite Dolon gegenüber Hektor bereit, diese Aufgabe im Lager der Griechen zu übernehmen: »Dieser hängte den krummen Bogen rasch um die Schulter, / Hüllte sich dann in das Fell eines grauen Wolfes als Mantel, / Setzte den Otterhelm aufs Haupt und faßte den Wurfspieß« (Verse 333–335). Doch dazu kommt es nicht wirklich, denn die beiden feindlichen Späher, Diomedes und Odysseus, fangen ihn ab, quetschen ihn aus wie eine reife Zitrone und bringen ihn dann eiskalt zur Strecke. So angestachelt, wüten sie weiter und machen sich über die Thraker und ihren König Rhesos her, die eben erst zur Unterstützung der Trojaner vor Ort angekommen waren. Diesen entwenden sie ihre berühmten Pferde aus eigener Zucht, um sie hernach den griechischen Verbündeten zur Verfügung zu stellen – ein entscheidender, wiederum von Athene unterstützter Schachzug, hatte doch ein Orakel geweissagt, diese so schönen wie schnellen Streitrosse würden die Trojaner unbesiegbar machen, sobald sie sich am Wasser des trojanischen Flusses Skamandros gelabt hätten, dessen Priesterin die ehemalige Geliebte des Paris gewesen war: die schöne Oinone.

Nach dieser Phase gefühlter trojanischer Überlegenheit schlägt das Pendel wieder in Richtung der Griechen aus, und so nimmt es nicht wunder, dass in Buch 11 (Λ) endlich Agamemnon seine große Aristie erhält. Richtig feierlich, mit Beschreibung der Rüstung und allem Drum und Dran: »Diesen [Panzer] schmückten fürwahr zehn Streifen aus bläulichem Smalte, / Zwölf aus lauterem Gold und zwanzig von glänzendem Zinne; / Bläulicher Drachen drei erhoben sich gegen den Hals zu / Beiderseits, wie Regenbogen, die Zeus in den Wolken / Hoch errichtet, dem sterblichen Menschengeschlechte zum Zeichen« (Verse 24–28). Rundherum göttliche Eingriffe: Zu Beginn hat Eris, die Streitsüchtige, die schon den zänkischen Apfel der Schönheit unter die buhlenden Göttinnen geworfen und Paris mit seinen Trojanern in diese heikle Lage gebracht hat, ihren Auftritt und spornt die Griechen an, dann macht sich die Götterbotin Iris auf den Weg, um Hektor im Auftrag des Zeus den Tagessieg zu verheißen. Doch nanu, Hektor? Ist Homer, sind seine Erzählerstimmen aus dem Takt gekommen in diesem turbulenten Schlagabtausch (»Haupt an

Haupt, so tobten sie nun in der Schlacht wie die Wölfe«, Vers 72)? Nein, es ist bloß so, dass der siegreich metzelnde Agamemnon selbst eine Verwundung davonträgt. Auch die Priamiden Hektor und Paris werden von Diomedes vorübergehend außer Gefecht gesetzt. Es geht munter auf und ab, und schließlich gewinnt Hektor wieder die Oberhand. Der Trubel lässt den hadernden Achill aufmerken, so dass er seinen engsten Freund und Vertrauten Patroklos zu Nestor schickt, um vom Fortgang der Dinge und vom Schicksal der Verwundeten zu erfahren. Das Verhängnis nimmt seinen Lauf, denn es gelingt Nestor, Patroklos zur Teilnahme am Kampf an der Seite Achills zu ermuntern.

Doch ist es in Buch 12 (M) zunächst Hektor, der weiter vordringt und seinem eigenen Schicksal entgegeneilt. Und sein Verhalten ist nicht frei von Hybris (»Hochmut«): Er greift die Mauer der Griechen ohne Pferde an und zerstört das Tor zum Lager mit einem Steinwurf: »[…] Nun sprang der strahlende Hektor / Finsteren Blickes hinein, wie die schwebende Nacht, in des Erzes / Schrecklichen Glanz den Körper gehüllt, und hielt in den Händen / Beide Lanzen; kein einziger hätte zurück ihn gehalten« (Verse 462–465). Hektor verbreitet Angst, die Griechen fliehen zu ihren Schiffen – und Hektor scheint siegesgewiss, nicht zuletzt eingedenk des Zuversicht verströmenden Zeus-Orakels, welches ihm die Regenbogengöttin verkündet hatte.

In Buch 13 (N) wird weitergekämpft, diesmal bei den Schiffen. Und schon greifen wieder Götter ins Geschehen ein: Diesmal ist es, natürlich inkognito, der Griechenfreund Poseidon, der sich nicht zurückhalten kann, während sein mächtiger Bruder Zeus es eher mit den Trojanern hält: »Aber der Erderschütterer, der Landumstürmer Poseidon / Trieb die Argeier, sobald er dem Grunde des Meeres entstiegen, / Gleich dem Kalchas an Wuchs und unermüdlicher Stimme« (Verse 43–45). Mehrere Krieger schwingen die Waffen; hier erhält der Grieche Idomeneus seine Aristie, ein Kriegstreiber von zwielichtiger Herkunft: Schließlich ist der König von Kreta ein Sohn aus der Verbindung des Minos mit Pasiphaë, und seine Mutter hat ihm den mit einem Stier gezeugten Halbbruder Minotauros beschert. Außerdem ist er der Urheber des lügnerischen Rufes aller Kreter. Da er auch zu den Freiern der Helena mit der berühmten Selbstverpflichtung gehörte (die zahlreichen Bewerber um ihre Hand schworen einst dem, den sie erwählen würde, ihre Treue – als eine Art Blankoscheck), zog er mit achtzig Schiffen gen Troja und spitzte die anderen Griechen an. Sogar in den Bauch des berühmten Holzpferdes wird er es schaffen. Doch auch mit Worten wird einiges ausgefochten: Hektor hat inmitten des Getümmels einen verbalen Schlagabtausch mit Aias (Kostpröbchen zum Schluss: »Aias, was schwatzest du da, du irreredender Prahler?«, Vers 825).

Auch Lug und Trug, Tricks und Täuschungen gehören zum festen Arsenal der *Ilias*; vor allem das Lügen (*pseudesthai*) ist in der griechischen Antike weniger moralisch konnotiert als kreativ aufgeladen (vgl. Rösler 1980, Hose 1996). In Buch 14 (Ξ) unterliegt Zeus höchstselbst einer groben Täuschung durch keine Geringere als seine Gattin Hera. Während nämlich Odysseus, Nestor und auf göttlicher Seite Poseidon den depressiv wirkenden, zur Resignation neigenden Agamemnon aufzurichten und anzuspornen versuchen, bereitet Hera, nachdem sie »Wusch mit Ambrosia erst sich rein von aller Befleckung / Ihre reizende Haut und salbte sich dann mit dem starken / Süßen ambrosischen Öl, ihr zum Gebrauche« (Verse 170–172), mit der Hilfe des Schlafgottes Hypnos und Aphrodites bzw. mit deren erotischem Gürtel das gemeinsame Lager für eine rauschende Liebesnacht mit dem Göttervater vor, in deren Folge »Also schlummerte still auf Gargarons Höhe der Vater, / Ganz von Liebe benommen und Schlaf, in den Armen der Gattin« (Verse 352–353). Während also dort oben Ruhe herrscht, stachelt Poseidon die Achaier aufs Heftigste an (Hypnos steht Schmiere), und das mit Erfolg: Das Kampfglück wechselt die Seiten, nicht zuletzt weil es Aias gelingt, den großen Hektor zu betäuben und im wahrsten Sinne des Wortes außer Gefecht zu setzen.

Mit dem freien Schalten und Walten seines meerbeherrschenden Bruders ist der Bogen aus der Perspektive des Göttervaters in Buch 15 (O) überspannt. Zeus aktiviert Musenpapst Apollon und Götterbotin Iris, um sie für seine Dienste in Anspruch zu nehmen: Langsam, aber sicher soll der Untergang Trojas, der ja nun mal beschlossene Sache ist, in seine finale Phase gehen. Es gelingt Athene, Poseidon aus der Arena zu entfernen, während der Kriegsgott Ares, den es, gemäß seiner Profession, ebenfalls in den Fingern juckt, von Athene zurückgehalten wird. Zunächst wird Hektor, dessen Bestimmung feststeht, von Apollon wieder in Form gebracht, und er führt die Trojaner zu den Schiffen, damit sie diese zurückerobern. Derweil verlagert sich der Fokus immer mehr auf den schicksalsentscheidenden Patroklos, den engen Freund des immer noch beleidigten Achill. Patroklos bedrängt diesen wieder und wieder, aufs Schlachtfeld zurückzukehren – noch ohne Erfolg (»ich selber / Will zu Achilleus eilen, um diesen zum Kampf zu bestimmen. / Denn, wer weiß, vielleicht vermag ich mit göttlicher Hilfe / Ihn zu bereden, und gut ist immer des Freundes Ermahnung!«, Verse 402–404). Noch ist es Hektor, der immer weiter vordringt – bis zu den vierzig schwarzen Schiffen des Protesilaos, der als Erster aufseiten der Griechen, ausgerechnet von der Hand des frommen Aeneas, getötet worden war, woraufhin seine Gattin Laodameia ihm aus freien Stücken in den Tod folgte (sie erwählte er, nachdem die schöne Helena auch ihn verschmäht und in das griechische Bündnis gezwungen hatte) – ein weiteres Drama am Rande der Stadt.

Das 16. Buch (Π) gehört dann aber endlich Patroklos. Nach den Prolepsen (Vorwegnahmen) kommt er zu sich selbst und erhält in der Logik der Ereignisse »seine« Aristie, die sogenannte »Patroklie«. Am Anfang steht, wie so oft, eine folgenschwere Verstellung. Auf dessen inständige Bitten hin gestattet Achill seinem Liebling schließlich, das ›Ameisenheer‹ in die Schlacht zu führen. Achill selbst besiegelt seine Entscheidung mit einem gebührenden Trankopfer an Apollon. Patroklos trumpft gewaltig auf und erlegt u. a. Sarpedon, den Sohn des Zeus – so köstlich muss das Trankopfer des Achill gewesen sein, dass auch Göttersprösslinge drangegeben werden! Patroklos wütet derart folgenreich, dass sich ihm schließlich nur der große Hektor selbst entgegenstellen kann – was dieser auch tut, schicksalsgewiss. Patroklos zeigt sich unbeeindruckt, es gelingt ihm

> So entriß dem Menoitiossohne, der viele getötet,
> Hektor, Priamos' Sohn, mit dem Speer aus der Nähe das Leben,
> Und frohlockend rief er ihm zu die geflügelten Worte:
> »Patroklos, hast du so bald schon gehofft, unsre Stadt zu verwüsten
> Und die troischen Weiber, beraubt der glücklichen Freiheit,
> Fort in den Schiffen zu führen zum lieben Lande der Väter?
> Narr, du! [...]
> [...] Da liegst du jetzt den Geiern zum Fraße.«
>
> *Ilias* 16, 827–836

noch, Hektors Wagenlenker zu töten, bevor ihm Hektor, flankiert von Apollon und Euphorbos, den finalen Schlag versetzt – und damit zugleich sein eigenes Schicksal besiegelt.

Doch bevor es Hektor an den Kragen geht, erhält in Buch 17 (P) erst einmal der verschattete Agamemnon-Bruder, der gehörnte Ehemann, Menelaos, seine Aristie, denn er darf, immerhin Anlass für den Krieg, schließlich auch nicht ganz leer ausgehen. Er stürzt sich in den Kampf um die Leiche des Patroklos: »So um Patroklos ging der blonde Held Menelaos. / Vor ihn hielt er den gleichgerundeten Schild und die Lanze, / Jeden zu töten bereit, der nur zu nahen sich wagte« (Verse 6–8) – und schneidet dem Mit-Töter Euphorbos die Kehle durch (»Aber indes hat Atreus' gewaltiger Sohn Menelaos, / Während er Patroklos deckte, den Besten der Troer getötet, / Panthoos' Sohn Euphorbos, der stürmenden Kraft ihn beraubend«, Verse 79–81). Nun ist es Hektor, der dem Toten die Rüstung raubt – Achills Rüstung – und sich anzieht: ein tödliches Kostümfest *second hand.* In dieser Bewaffnung gelingen Hektor noch ein paar Glanzmomente – die Zeus dem Heros gewährt, bevor er ihn durch Achill fallen lässt. Schließlich wird die Leiche des Patroklos geborgen – und es wird ein Bote gesucht, der dem rasenden Myrmidonen die unheilvolle Nachricht überbringen soll. Die Wahl fällt auf Antilochos, den ältesten Sohn des weisen Nestor und zweiten Lieblingsfreund des Achill; er wird später im Hades zusammen mit Aias den Freundes-Reigen aus Achill und Patroklos komplettieren.

Das 18. Buch (Σ) der *Ilias* ist ein besonders ästhetisches Buch, ist es doch berühmt für seine Ekphrasis. Ekphraseis, kunstvolle Beschreibungen, die oft ausführlich geraten und exkursartigen Charakter annehmen, gehören ebenfalls seit Homer zu den typischen Elementen des Epos. Vorzugsweise werden Wunderwerke, die Kunst oder Natur geschaffen haben, in ihren Details beschrieben. Hier geht es um den besonderen Schild, den der Schmiedegott Hephaistos für Achill anfertigt. Doch wozu benötigt dieser ihn? Nun, nachdem Anti-

> »Sohn des feurigen Peleus, ach, nun mußt du die schwerste
> Traurige Botschaft erfahren – o wär' es nie doch geschehen! –
> Patroklos liegt nun tot, und sie kämpfen bereits um den Leichnam,
> Nackt wie er ist, denn die Waffen besitzt der geschmeidige Hektor.«
>
> *Ilias* 18, 18–21

lochos ihm die traurige Kunde vom Tod des liebsten Freundes überbracht hatte, überkommt ihn unerträglicher Schmerz – und er fasst den allbekannten Racheplan. Das heißt, er will – und wird – Rache nehmen für Patroklos' Tod an dessen Mörder Hektor. Dafür bedarf er einer geeigneten Ausrüstung, auch in technisch-ästhetischer Hinsicht. Die ausführliche Beschreibung des Schildes umfasst mit knapp 250 Versen mehr als ein Drittel des 18. Buches, das nebenbei die Steilvorlage für die Beschildung des Aeneas im achten Buch von Vergils *Aeneis* abgegeben hat. Ein winziges Detail aus der griechischen Schmiede: »Ferner dann schuf er ein traubenstrotzendes Rebengelände, / Schöngebildet aus Gold, doch schwärzlich erglänzten die Beeren; / dichtgereiht aber stand der Wein an silbernen Pfählen« (Verse 561–563). Doch die Stimmung ist nicht weinselig, sondern bleibt im Ganzen unheilvoll: Wie ein Damoklesschwert schwebt der schöne Schild nun über Hektor, der weiter auf

Vormarsch drängt, während alle anderen Trojaner das von Achill ausgehende Unheil spüren und zum Rückzug hinter die schützenden Stadtmauern mahnen.

Mit Buch 19 (T) beginnt der sich bis zu Buch 23 erstreckende vierte Kampftag. Zunächst steht alles im Zeichen feierlicher Stimmung: Achill erhält seine neue Ausrüstung, sorgt sich angesichts der drohenden Verwesung des Freundes (»doch schreckt mich die Sorge / Daß mir indes in die Leiche des tapfren Menoitiossohnes / Fliegen sich setzen und tief in den Wunden, vom Erze geschlagen, / Wimmelnde Maden erzeugend, den Toten besudeln und schänden – / Ach, sein Leben erlosch! –, und ganz der Körper verwese«, Verse 23–26), um endlich doch seinem Groll zu entsagen (*menin apeipontos*, Vers 74) und auf Agamemnon zuzugehen, auch weil Mutter Thetis die Fliegen in Schach halten will. Agamemnon zeigt sich ebenfalls einsichtig; noch dazu schaltet sich der kluge Odysseus ein, und es kommt zu einer großen Versöhnung. Doch es wird auch weiter geklagt, was wiederum der Intensivierung der Rachegelüste zugutekommt: Achill betrauert gemeinsam mit der vormals entrissenen Geliebten Briseis den Verlust des Herzensfreundes. Dann der grandiose Auftritt des Rächers, in durchaus poetischer Sphäre: Zeus schickt noch Athene mit Ambrosia und Nektar zur Stärkung des Helden. Achill ist bereit.

Mit Buch 20 (Y) befinden wir uns auf der Zielgeraden auch insofern, als Zeus das – ja durchaus hier und da von einigen unterlaufene – Kampfverbot für die Göttinnen und Götter aufhebt. Und es geht los: Die Himmlischen fallen von allen Seiten ein in die Schlacht, als Einheizer und Ansporner. Apollon treibt den Aphrodite-Sohn Aeneas zum Kampf gegen Achill, was wiederum, ein wenig überraschend, Poseidon be-

> Also redete Zeus und erweckte ein endloses Kämpfen.
> Schnell nun gingen die Götter zum Kampf in geteilter
> Gesinnung.
>
> *Ilias* 20, 31–32

sorgt. So greift dieser schließlich ein und »entrückt« ihn, versetzt ihn also an einen anderen, sicheren Ort – auch ein typischer epischer Trick. Aeneas, ja, der ist Größerem vorbehalten: »denn es ist ihm bestimmt, zu entkommen, / Daß des Dardanos Stamm nicht ohne Sprossen und spurlos / Schwinde, den Zeus von all seinen Kindern am meisten geliebt hat« (Verse 302–304); er muss Rom gründen bzw. den Grundstein für das spätere Weltreich in den italischen Albaner Bergen legen. Achills Bahn ist also frei hin zum verhassten Hektor: Doch der zehrt zunächst noch von der Unterstützung Apollons, unter dessen Schutz Troja nach wie vor steht. Ein episches Ritardando: Achill muss sich noch gedulden.

In Buch 21 (Φ) verlagert sich das aufgeheizte Kampfgeschehen an den Fluss. Achill bedrängt die Trojaner, treibt sie in das Wasser und tötet, was das Zeug hält: Das bringt schließlich den gleichermaßen empörten wie überforderten Flussgott Skamandros auf den Plan, welcher sich wiederum dem Eingreifen Poseidons und Athenes beugen muss. Da kann auch die freundliche Unterstützung des Simois, eines weiteren Flusses, nicht helfen, sie müssen Achill gewähren lassen, den eiskalten Todesengel. Schließlich kommt es zu einer regelrechten Götterschlacht, (beinahe) jede(r) gegen jede(n): Athene gegen Ares und Aphrodite, das betrügerische Liebespaar; Hera gegen Artemis, Apollons jagende Zwillingsschwester. Andere sind zurückhaltender wie Poseidon und Apollon oder Hermes und Leto, die Mutter der Zwillinge Apollon und Artemis. Zwischendurch kochen die Emotionen über, so arg, dass Zeus z. B. Tochter Artemis Trost spenden muss. Dieweil hält Priamos die Tore für die hereindrängende Bevölkerung offen: »sie strömten hinein in die Feste, / Jeder zufrieden, wen eben der Schenkel und Kniee gerettet« (Verse 610–611); Achill muss (noch) draußen bleiben, weil er sich von Apollon, der, in bester göttlicher Tradition, mal wieder eine andere Gestalt angenommen hat – diesmal die des Agenor – täuschen und fernhalten lässt.

**Die scheußlichsten Morde in der *Ilias***

1. Achill tötet Hektor, erwägt Kannibalismus und schändet seinen Leichnam.
2. Dem trojanischen Spion Dolon wird während des Redens der Kopf abgeschlagen.
3. Der Troja-Freund Peiroos stößt dem Griechen Diores mit dem Speer alle Gedärme raus.
4. Der Troja-Verbündete Sarpedon durchschlägt Tlepolemos mit dem Speer glatt den Hals.
5. Apollon jagt eine scheußliche Pest durch das Griechenlager.

Apollon lässt die Pest im Lager der Griechen grausam wüten. Damit ist es in Buch 22 (X) vorbei – dies ist das Buch, in dem die Tötung Hektors vollzogen wird. Es kommt zum entscheidenden Zweikampf in der Ebene vor den Toren der Stadt, wovon den geliebten Sohn Hektor auch die ahnungsvollen Eltern, das trojanische Königspaar, Priamos und Hekabe, nicht abhalten können: »Also redeten weinend zum lieben

Sohne die Eltern, / Flehentlich bittend, doch beugten sie nicht den Willen des Hektor, / Sondern der harrte der nahenden Riesengestalt des Achilleus« (Verse 90–92). Zeus wägt die Keren, Schicksalsgöttinnen, die den gewaltsamen Tod verkörpern: Das Los des Hektor senkt sich – sein endgültiges Todesurteil. Als ob Hektor dies spürte, ergreift er vor dem Rasenden die Flucht, freilich umsonst. Auch Athene drückt sich noch auf dem Feld herum und täuscht Hektor, um seinen Untergang zu forcieren. Das Opfer selbst beißt bei Achill auf Granit; nicht mal das Versprechen der Aushändigung seines eigenen Leichnams an die geschätzten Eltern, eine Ehrensache, kann er dem Rasenden abringen, nicht im Angesicht des Todes, nicht im Sterben mit den letzten Atemzügen: »Geradewegs durchfuhr das Genick die Spitze der Lanze« (Vers 327). Immerhin bringt Hektor noch die Kraft auf, Achill seinen eigenen Tod vor Troja zu prophezeien – als ob dieser das nicht längst wüsste und es sogar darauf anlegte. Hektor ist ein toter Mann. Er wird von seinem Mörder seiner Rüstung beraubt, zum Achaierlager geschleift, schmählich entehrt: »Denn er durchbohrte an beiden Füßen ihm hinten die Sehnen / Zwischen Knöchel und Ferse, durchzog sie mit rindernen Riemen, / Band am Wagen sie fest, daß der Kopf am Boden ihm schleifte« (Verse 396–398). Dieser grausame Anblick bleibt Hektors Eltern und seiner Ehefrau, hoch oben auf dem Turm, nicht erspart, ihr Wehklagen hallt vernehmlich über die Buchgrenzen hinweg.

Im 23. Buch (Ψ) wandert der Fokus auf den anderen bedeutenden Toten zurück: Es gibt Kampfspiele für Patroklos, ein Open-Air-Event. Doch zunächst erscheint der Verstorbene nach dem festlichen Totenmahl (»Viele glänzende Stiere verröchelten unter dem Eisen, / Viele Schafe wurden geschlachtet und meckernde Ziegen, / Viele Schweine mit weißem Zahn, die strotzten vom Fette, / Spannten zum Braten sie aus«, Verse 30–33) dem Achill im Schlaf: Er bittet um seine eigene Beerdigung, ein wichtiges Ritual in der Antike, und auch diese Art von Träumen begegnet häufiger. Der Bitte kommt man sogleich mit der Verbrennung des Leichnams nach. Doch damit nicht genug: Es gibt auch Menschenopfer, zwölf Trojaner müssen dran glauben, und der emotional tief verletzte Achill gelobt dem Verbrennenden auch noch, Hektors Leichnam den Hunden zum Fraß vorzuwerfen. Eine übermäßige Schändung

»Sei mir, Patroklos, auch gegrüßt im Hause des Hades!
Alles erfüll' ich dir wahrlich nun, was ich früher versprochen:
Hektor zu schleifen hierher und als Fraß vor die Hunde zu werfen,
Dann der Jünglinge zwölf dir am Totenfeuer zu schlachten,
Trojas edelstes Blut, aus Zorn ob deiner Ermordung.«

*Ilias* 23, 19–23

der Leiche durch den Gnadenlosen können nur Götter verhindern: Apollon mit einer »schwarzblauen Wolke« und Aphrodite mit ambrosischem Balsam (Verse 186/188). Nach der öffentlichen Bestattung der sterblichen Überreste des Patroklos finden die Kampfspiele statt: Ein Wagenrennen sorgt für allerlei Streitigkeiten und Tricksereien, wobei auch die Götter wieder Hand anlegen, so dass am Ende auch noch über die Platzierungen gestritten werden muss. Aias und Odysseus trennen sich unentschieden im Ringkampf, wohingegen Odysseus der schnellste Läufer ist. Auch Eisenscheibenwurf, Bogenschießen und Speerwerfen stehen auf dem Programm.

Im 24. und letzten Gesang (Ω) gelingt es den Trojanern endlich, den Leichnam ihres Hauptheldcn Hektor auszulösen und aus der Gewalt des Achill zu befreien, die er zu Beginn des Buches allerdings noch einmal voll auslebt: »So mißhandelte dieser im Zorn den göttlichen Hektor. / Mitleid erfaßte die seligen Götter, sooft sie's gewahrten« (Verse 22–23). Es kommt einmal mehr zu einer großen Göttersitzung: In diesem ›Gremium‹ beraten die Götter in einem mehr oder weniger demokratischen Diskussionsprozess, in dem mit Argumenten und Gefühlen gefochten wird, über den Ausgang einer schwierigen Situation, entweder das große Ganze wie den Ausgang des Krieges oder über kleinere Bausteine der Handlung wie hier die Auslösung von Hektors geschundenem Leichnam. Die Übergabe wird beschlossen, Zeus schickt Thetis zu ihrem Sohn Achill mit dem entsprechenden Auftrag, dem er auch nachkommt. Doch bleibt es dem greisen Vater des Opfers, König Priamos von Troja, überlassen, persönlich als Bittsteller zum auch sein Leben bedrohenden Mörder seines Sohnes zu gehen. Immerhin begleitet diesen ein getarnter Hermes. Die Aktion ist von Erfolg gekrönt, nicht nur weil Priamos sich der für ihn persönlich maximalen Verkörperung der Grausamkeit unterwirft, sondern auch weil er an die empathische (ja, doch) Seite Achills appelliert: »Heimlich aber war Priamos eingetreten, und nahe / Kam er, umschlang dem Peliden die Knie und küßte die schlimmen / Mordgefährlichen Hände, die all seine Söhne getötet. [...] ›Denk an den eigenen Vater, du göttergleicher Pelide, / Der, gleich mir, schon steht an der traurigen Schwelle des Alters‹« (Verse 477–487). Achill lässt es nicht an der dem bittenden König gebührenden Ehre fehlen, und das gewaltige Epos endet mit der Rückkehr des Königs, den toten Sohn, frisch gewaschen und gebürstet, im Schlepptau: »So begingen sie dort des reisigen [das heißt gerüsteten] Hektor Bestattung« (Vers 804): Mit diesem nüchternen, bescheidenen Vers endet die *Ilias*.

Priamos (links) begibt sich ins feindliche Lager, um Achill um Herausgabe des Leichnams seines Sohnes Hektor zu bitten. Achill liegt beim Abendessen – und Hektors geschundene Leiche unter seiner Kline. Malerei auf einem attischen Trinkgefäß aus dem frühen 5. Jahrhundert v. Chr.

## Nach Ankunft Mord: Die *Odyssee*

Alles, was nach Hektors Bestattung passiert, erfahren wir, wie gesehen, in anderen Epen. Einige Geschehnisse werden auch in der deutlich später entstandenen *Odyssee* gespiegelt: Auf seiner Heimreise und nach seiner Ankunft auf Ithaka erinnert sich Odysseus an manches, was er erlebt, manches, was er auf seiner Reise auch nur erfahren hat. Anderes ruft der Text auf dem Wege der Allusion, also nur mit Anspielungen aus dem kulturellen Gedächtnis der Leser ab.

Die *Odyssee* dürfte irgendwann zwischen 730 und 660 v. Chr. niedergeschrieben worden sein. Sie umfasst ca. 12100 Verse und ist mit Blick auf die gröbere Struktur zweiteilig angelegt: Die Bücher 1–12 bereiten auf die Rückkehr des Odysseus nach zehn Jahren vor Troja und zehn Jahren Irrfahrt vor, die Bücher 13–24 sind dann mit der Rückkehr (»Nostoi«) selbst und den Ereignissen auf der Heimatinsel Ithaka befasst. Die geschilderte Zeitspanne lässt sich auf vierzig Tage berechnen, wovon der Großteil von 32 Tagen auf die Reisebücher 1–12 entfällt. Der Struktur nach zerfällt die *Odyssee* wiederum in drei Teile: die »Telemachie«, die »Phaiakis«, zu der die Apologe zählen, und die von langer Hand vorbereitete Beseitigung der Freier, die sich, 108 an der Zahl, auf Ithaka tummeln und um

Odysseus' Gattin Penelope buhlen. Womöglich handelte es sich bei der »Telemachie«, die den Fokus auf den Sohn der beiden legt, ursprünglich um ein eigenes (kleineres) Epos; die Echtheit wird jedenfalls von einigen ebenso angezweifelt wie die des 24. Buches, das nach der Wiedervereinigung von Odysseus und Penelope noch einige Unterweltszenen zu bieten hat. Man geht gemeinhin davon aus, dass es so etwas wie eine »Kern-Odyssee« gibt, also Bestandteile, die schon immer dazugehörten, etwa: der Zyklop, die Umtriebe Poseidons, Skylla und Charybdis, die Heliosinsel, die Phäaken, die webende Penelope, die Rückkehr des Odysseus, die Bogenprobe und die Mnesterophonie (dies der schöne Fachterminus für den Freiermord). Die Abfassung durch einen einzelnen Dichter wird insgesamt für wahrscheinlicher gehalten als im Falle der *Ilias*.

Zu den ethnischen Hintergründen lässt sich noch ergänzen, dass Odysseus wohl kein griechischer, sondern ein anatolischer Name ist (darauf weisen vor allem die Nebenformen Ulixes oder »Utuse«, wie ihn die Etrusker nannten). Ähnlich anderen Großhelden hat natürlich auch er bei diversen Ortsgründungen Pate gestanden, unter anderem in Italien bzw. auf Sizilien. Die Figur des umtriebigen Migranten Odysseus ist in sich komplexer gezeichnet als die Helden der *Ilias*, und sie genießt die Sympathie ihres Erzählers (so hat schon Eustathios, ein Bischof aus Byzanz, Homer in seinem Kommentar als *philodysseus*, einen »Odysseus-Freund«, bezeichnet). Könnte dieser Odysseus einer der Superhelden sein, die Susan Neiman im Vergleich mit Achill für modern genug hält, um menschliche Orientierung zu geben (Neiman 2009) – die aufgeklärte Gesellschaften im Sinne Dieter Thomäs heute noch oder heute wieder brauchen (Thomä 2019)? Er, dessen Verschlagenheit allein, dessen *metis*, Peter Sloterdijk es zutraut, die rammdösigen »Lotosfresser« von Europäern aus ihrer Lethargie zu erwecken (Sloterdijk 1994)? Ist seine *metis* zukunftsweisend? Wir werden sehen.

Die Konzeption des HauptHelden, der ja bereits in der *Ilias* markante Spuren hinterlassen hat, ist nur einer der augenfälligen Unterschiede zwischen den beiden Epen: Die *Odyssee* neigt häufiger zu metapoetischen, selbstreferentiellen Kommentaren, sie bzw. ihr Erzähler begleitet den Produktionsprozess. Vor allem der Akt des Erzählens wird beständig thematisiert und reflektiert; gelegentlich finden sich auch wertende Erzähler-Kommentare (etwa in Bezug auf das Verhalten der Freier). Hinzu kommen die Ich-Erzählungen des Odysseus. Hier atmet, scheint es, ein anderer Geist: Die Schilderungen wirken realistischer, gegenwartsbezogener. Es gibt mehr weibliche Stimmen – was im 19. Jahrhundert den Übersetzer und Romancier Samuel Butler zu der Vermutung veranlasste, die *Odyssee* sei von einer Frau verfasst worden. Ein frühes Beispiel für identitätspolitisches Wunschdenken! Auch die ethischen Grundsätze und psychologischen Farben wirken komplexer. Die Erzähltechnik besticht durch Spannung und Retardation, stärker noch als in der *Ilias*, wie etwa die Gesänge des Demodokos oder Phemios zeigen. Schließlich fällt die »epic distance« ins Auge: Geht man von drei Zeitebenen aus – der »erzählten Zeit«, der »Zeit des Erzählers« und der »Zeit der schriftlichen Abfassung« –, so dürfte die Ära des »letzten Autors« wohl ca. 500 Jahre nach dem »Ereignis«, sprich: dem Trojanischen Krieg, liegen. Horaz etwa dachte an die *Odyssee*, wenn er an Homer die Kunst der Zeitgestaltung bewunderte (*ars poetica* 140–152).

Widmen wir uns, analog zur *Ilias*-Skizze, einer vertieften, pointierten Paraphrase der *Odyssee*. Trotz der Gegenwartsbe-

Sage mir, Muse, die Taten des vielgewanderten Mannes,
Welcher so weit geirrt nach der heiligen Troja Zerstörung.

*Odyssee* 1, 1–2

zogenheit und des Fokus auf Telemach werden in Buch 1 (A – auch hier führe ich die griechische Bezeichnung mit an) die thematischen Grundlagen für das große Ganze gelegt: Um Odysseus soll es gehen, der nach dem Verlust der Gefährten sieben Jahre lang auf der Insel Ogygia (vielleicht irgendwo zwischen dem griechischen Gavdos und dem maltesischen Gozo) festhängt bei der Nymphe Kalypso, die ihn bei sich vor der Welt und seiner Bestimmung verbirgt und damit ihrem Namen – *kalyptein*: »verbergen« – alle Ehre macht, andererseits aber ihre Reize keineswegs verhüllt und so die Bedeutung ihres Namens zu dementieren scheint. Die Liebe ist einseitig, sie will ihn, er will weg: »Ihn allein, der so herzlich zur Heimat und Gattin sich sehnte, / Hielt die unsterbliche Nymphe, die hehre Göttin Kalypso, / In der gewölbten Grotte und wünschte sich ihn zum Gemahle« (Verse 13–15). Ziehen lässt sie Odysseus erst auf massiven göttlichen Druck hin: Hier setzt sich seine Schutzgöttin Athene gegen Poseidon durch, der aus Verärgerung über die Blendung seines zyklopischen Sohnes Polyphem Odysseus an der Rückkehr gehindert hatte, während alle anderen Troja-Helden nach weiteren Abenteuern längst wieder zu Hause angekommen waren. Der Götterbote Hermes überbringt der grollenden Nymphe den Auftrag, die sich fügt, während Athene, die in die Rolle des Gastfreundes Mentes, des Königs der Taphier, berüchtigter Piraten eigentlich, schlüpft, den Telemach auf Ithaka aufsucht und ihn anweist, die Freier zu vertreiben und die Spuren seines Vaters in

Pylos und Sparta, Helenas Heimat, zu verfolgen. So werden die Schicksale von Heldenvater und Heldensohn auch auf der konkreten Handlungsebene miteinander verknüpft. Augenfällig auch die Theodizee am Beginn der *Odyssee*, wie sie sich in der Klage des Zeus kundtut (1, 32–39): Die Sterblichen beschuldigten die Götter zu Unrecht all des Übels in der Welt, dabei seien die Menschen auch selbst verantwortlich für ihr Handeln.

In Buch 2 (B) setzt Telemach die göttlichen Anweisungen stante pede um und beruft, erstmalig seit seines Vaters Abreise vor rund zwanzig Jahren, die Volksversammlung zu Ithaka ein, um die frechen Freier anzuklagen – Zeit war's. Doch der Wortführer der Freier, Antinoos, schiebt die Schuld flugs der Strohwitwe Penelope in die Schuhe: Sie halte die Freier schließlich hin mit ihrer Weblist (was sie tags am Totenhemd – ausgerechnet – gewirkt, trennte sie nachts wieder auf), müsse aber doch heiraten, da Witwe. Penelope webt, in selbstgenügsamer Zir-

> »Deine Mutter ist schuld, die Listigste unter den Weibern!
> Denn drei Jahre sind schon verflossen, und bald auch das vierte,
> Seit sie mit eitlem Wahne die edlen Achaier verspottet.«
>
> *Odyssee* 2, 88–90

kelbewegung, um Stabilität und Unantastbarkeit des Odysseus ins Bild zu setzen; sie wird zum Mahnmal des abwesenden Herrschers und hält so die Erinnerung an ihn vor Ort lebendig. Als ob er dies begriffe, dreht Antinoos den Spieß um Richtung Telemach, der seine Mutter von der notwendigen Neuvermählung überzeugen solle. Telemach jedoch bleibt standhaft, bestärkt durch zwei von Zeus als Zeichen der Unterstützung gesandte Adler und eine saftige Prophezeiung, derzufolge Odysseus bald wiederkehren und den Freiern den Garaus machen werde. Doch so richtig kann Telemach dem Volk seine Lage nicht vermitteln; es ist wieder an Athene, die bald in diese, bald in jene Gestalt schlüpft (von Mentes über Mentor zu Telemach selbst) und ihm ein Schiff mit Mannschaft organisiert, damit er, ohne Wissen seiner Mutter, lossegeln kann, um sich an des Vaters Spuren zu heften – und seine eigene Heldentaufe zu erleben.

In Buch 3 (Γ) spätestens wird deutlich, wie stark die Wirkmacht von Erzählungen innerhalb der *Odyssee* ist und wie wesentlich sie die Sicht auf die Dinge auch der Figuren bestimmt. Telemach und die als Mentor getarnte Athene erfahren auf Pylos vom greisen weisen Nestor, wie viele der Helden vor Troja gestorben sind, wie die Überlebenden zurückreisten und dass Agamemnon der List seiner Gattin Klytaimnestra und ihres Geliebten Aigisthos zum Opfer gefallen ist. Der rächende Sohn Orest, der »von dem Meuchler Ägisthos blutige Rache« nahm und dann »mit dem Volk ein Opfer [brachte] bei dem Begräbnis / Seiner abscheulichen Mutter und ihres feigen Ägisthos«, wird Telemach dabei als ein Vorbild dargestellt: »Auch du, Lieber, irre nicht lange fern von der Heimat, / Da du all dein Gut und so unbändige Männer / In dem Palast verließest« (Verse 308–315). Vor allem erfahren sie von der großen entscheidenden Pferde-List des vermissten Odysseus, nichts hingegen über dessen Verbleib. Den Rat, nach Sparta zu fahren und sich bei Menelaos und Helena schlau zu machen, nimmt Telemach trotzdem an und lässt sich von Nestors Sohn Peisistratos eben dorthin begleiten, dieweil sich Athene im Flug davonmacht.

Im vierten Buch (Δ) auf Sparta angekommen, geraten die

beiden jungen Männer mitten in die Hochzeitsfeierlichkeiten für die Königskinder. Hier erfährt Telemach Weiteres über seinen Vater, aber auch hier wieder vor allem von dessen trojanischen Heldentaten: Die Pferde-Story wird diesmal von Menelaos geboten, während Helena von den nützlichen Späherdiensten des Odysseus in Troja berichtet, wobei dieser sich bereits in die erfolgreiche Bettlerkluft gehüllt hatte, in der er später auch auf Ithaka reüssieren wird. Immerhin weiß Menelaos, der ein paar weitere Heldengeschichten auffaltet, auch von Odysseus' Aufenthalt auf Ogygia zu erzählen. Während Telemachs Abwesenheit spitzt sich die Lage auf Ithaka zu: Die Freier haben Lunte gerochen und planen einen tödlichen Hinterhalt für seine Rückkehr, indem sie sich nahe der Insel Asteris auf die Lauer legen. Penelope erfährt davon und verzweifelt darob: »Seelenangst umströmte die Königin: ach! sie vermochte / Nicht auf den Stühlen zu ruhn, so viel in der Kammer auch waren, / Sondern sank auf die Schwelle des schimmerreichen Gemaches / Lautwehklagend dahin« (Verse 716–719); doch muss sie sich vorerst mit einem gottgesandten Traum von der Rettung ihres Sohnes begnügen. Träume spielen, so sahen wir schon häufiger, eine erhebliche Rolle in den beiden homerischen Epen, als Warnungen und zum Trost.

Buch 5 (E) jedoch legt den Fokus endlich auf Odysseus respektive die Götter: Athene ist das Bindeglied zwischen ihm und seinem Sohn. Eben noch eine männliche Rolle gespielt habend – Genderwandel stellt für griechische Götter grundsätzlich kein Problem dar –, tritt sie nun als Fürsprecherin für den Vater in einer weiteren Götterversammlung auf, verweist aber auch auf den frisch geschmiedeten mörderischen Plan der Freier. Sie hat Erfolg. Zeus bittet Hermes, sich flugs seine Flügelschuhe anzuziehen und in Richtung der verliebten Nymphe

Kalypso zu begeben, die den traurigen Helden seit Jahren bei sich festhält, und beiden die klare Botschaft zu überbringen, dass der süße Schlendrian vorbei sei. Das trifft nur die Nymphe hart, die den scheidenden Geliebten auch mit dem zauberischen Versprechen auf ewiges Leben nicht locken und bei sich halten kann. Schließlich zeigt sie sich einsichtig: »Aber die Nymphe zog ihr silberfarbenes Gewand an, / Fein und zierlich gewebt; und schlang um die Hüfte den Gürtel, / Schön mit Golde gestickt; und schmückte das Haupt mit dem Schleier. / Eilend besorgte sie jetzo die Reise des edlen Odysseus« (Verse 230–233) – und unterstützt ihn sogar beim Bau des Floßes, mit dem er sich davonmacht. Zunächst treibt es Odysseus auf die Phäakeninsel Scheria, wo er nach gut 13 mühevollen Reisetagen ankommt. Allerdings nicht ungeschoren: Der in seinem Hass unversöhnliche Poseidon lässt das notdürftig gezimmerte Flößlein in einem Seesturm zerschellen, so dass es der rettenden Hand der Meeresgöttin Ino-Leukothea, der Pflegemutter des Dionysos, die möglicherweise ihren eigenen Sohn Melikertes auf dem Gewissen hat, und erneut Athenes bedarf, um den Helden lebend an Land zu befördern.

Die Bücher 6–12 umfassen den Aufenthalt des Odysseus bei den Phäaken. Im Mittelpunkt stehen die eingelegten Erzählungen am Hofe des Alkinoos (die sogenannte »Apologe«), die auch das positive Klischee mediterraner Gastfreundschaft belegen können. Buch 6 (Z) bedient jedoch erst einmal traditionelle Frauenklischees: Königstochter Nausikaa begibt sich mit ihren Dienerinnen zum Strand, aber nicht etwa um ein Schiff zu bauen, ein Seemonster zu erlegen oder auch nur um zu baden, sondern um – Wäsche zu waschen. Und doch treffen sie dort auf einen gestrandeten Helden, den sie mit ihrem aufgeregten Geschnatter beim Ballspiel aus dem Schlaf reißen: »Also ging der Held, in den Kreis schönlockiger Jungfraun / Sich zu mischen, so nackend er war; ihn spornte die Not an. / Furchtbar erschien er den Mädchen, vom Schlamm des Meeres besudelt; / Hierhin und dorthin entflohn sie und bargen sich hinter die Hügel. / Nur Nausikaa blieb« (Verse 135–139). Auch hilft Nausikaa dem matten Manne gerne mit Rat und Tat, nicht zuletzt weil Athene ihren Günstling mit jugendlicher Attraktivität aufgefrischt hat. Könnte das sogar ein Mann sein für die Schöne, die noch solo ist? Doch schickt sie ihn für weitere Schritte zu ihrer Mutter Arete, der »Tugend« in persona, in den Palast.

Begleitung erhält Odysseus in Buch 7 (H) erneut von seiner Schutzpatronin Athene, die ihn in Nebel und sich selbst in die Gestalt eines jungen Mädchens gehüllt hat. Wie es alter Brauch ist, begibt sich Odysseus an den Herd und bittet um Schutz und Geleit – denn Schutzflehende kann man eigentlich nicht guten Gewissens zurückweisen. Ein wenig Misstrauen sät der Fremde aber doch, denn die Königin erkennt an ihm die Kleider ihrer Tochter. Man stellt ihn gesprächsweise auf die Probe, und er kommt ins Erzählen: von Kalypso, von seiner beschwerlichen Reise, von seiner segensreichen Begegnung mit Nausikaa. Er muss sehr überzeugend gewesen sein, denn unversehens gehen des Vaters Überlegungen in die gleiche Richtung wie die der Tochter: ein potentieller Schwiegersohn? Vielleicht; doch bleibt Alkinoos entspannt; er will den Gast nicht nötigen und verspricht ihm das gewünschte Geleit. Ein Bild des Friedens: »Also schlummerte dort der herrliche Dulder Odysseus, / Unter der tönenden Hall', im schöngebildeten Bette. / Aber Alkinoos schlief im Inneren des hohen Palastes, / Und die Königin schmückte das Eh'bett ihres Gemahls« (Verse 344–347).

In Buch 8 (Θ) sieht sich Odysseus mit ästhetischer Konkurrenz konfrontiert in Gestalt von Demodokos, dem Sänger –

blind wie Homer, manch einer vermutet hier einen hitchcockartigen Cameo-Auftritt. Dieser Demodokos, der »Volkreiche«, singt nach dem Gastmahl allen Ernstes vom Streit zwischen Achill und Odysseus, was diesen denn auch zu Tränen rührt: »Aber Odysseus / faßte mit nervichten Händen den großen purpurnen Mantel, / Zog ihn über das Haupt und verhüllte sein herrliches Antlitz; / Daß die Phäaken nicht die tränende Wimper erblickten« (Verse 83–86). Ja, die Helden des griechischen Mythos weinen, und warum auch nicht? Ablenkung ist gefragt. Damit sich der erregte Gast wieder sammeln kann, lässt Alkinoos rasch Wettkämpfe veranstalten, und Odysseus nimmt selbst teil, um direkt im Diskuswurf zu siegen. Die Themen der Lieder des Demodokos sind jetzt anders gelagert; er besingt den Ehebruch Aphrodites mit Ares und wie der gehörnte Ehemann Hephaistos die beiden in flagranti ertappte – emotional weit genug weg, um Odysseus' Augen trocken zu lassen. Doch irgendwie bekommt der nicht genug vom Gesang, auch nach dem Dinner hängt er wieder an den Lippen des Barden und bittet ihn, doch die (ja von ihm selbst stammende) List mit dem Trojanischen Pferd zu besingen, die wir gar nicht aus der großen, sondern nur aus der *Kleinen Ilias* kennen können. Und schon wieder bekommt Odysseus feuchte Augen, so dass Alkinoos nachhaltiger als zuvor seine Identität zu wissen begehrt, derer sich der Besungene offenbar auch selbst mithilfe des Demodokos versichern will.

So ist alles für den Beginn der Erzählungen des Odysseus ab Buch 9 (I) bereitet. Die Perspektive wechselt in die erste Person. Odysseus gibt seine Identität nicht eben bescheiden preis (siehe das nächste Zitat). Es folgt ein persönlicher Bericht über alles, was ihm seit dem Ende des Trojanischen Krieges widerfahren ist: die erfolgreiche Eroberung des thrakischen Is-

»Ich bin Odysseus, Laërtes' Sohn, durch mancherlei Klugheit
unter den Menschen bekannt; und mein Ruhm erreicht den Himmel.«

*Odyssee* 9, 19–20

maros und die folgenden Angriffe durch die Kikonen, die mit den Trojanern verbündet gewesen waren. Wie der Nordwind um das Kap Malea, den zweitsüdlichsten Punkt des griechischen Festlandes, fegte und die Mannschaft neun Tage lang übers Meer jagte. Es verschlug sie zu den Lotophagen (»Lotosfressern«); klingt nach Entspannung, und die gab es auch: Schon die drei als Boten ausgesandten Gefährten probierten von der ihnen angetragenen Vergessen bringenden Lotosfrucht; nur unter Zwang konnten sie auf den rechten Weg – das Schiff – zurückgebracht werden. Die Gefahrenlage steigerte sich, als sie hernach auf die Ziegeninsel gelangten, die der Heimat der Zyklopen vorgelagert ist. Der Besuch dort war bekanntlich eine ziemlich blutige Angelegenheit, fraß Polyphem, der Einäugige (ein weit verbreiteter Typus von Unhold übrigens), doch gleich sechs der Gefährten auf einen Streich. Eine Kostprobe der kulinarischen Grausamkeit gefällig? »Deren (der Gefährten) er zween anpackt' und wie junge Hund' auf den Boden / Schmetterte: blutig entspritzt' ihr Gehirn und netzte den Boden, / Dann zerstückt' er sie Glied für Glied und tischte den Schmaus auf, / Schluckte darein, wie ein Leu des Felsengebirges, und verschmähte / Weder Eingeweide noch Fleisch noch die markichten Knochen« (Verse 288–293). Schwer verdaulich: »Dem Rachen entstürzten«, heißt es wenig später über den Zyklopen, »mit Weine / Stücke von Menschenfleisch, die der schnarchende Trunkenbold ausbrach« (Verse 373–374). Odysseus selbst entkam, indem er den Sohn des Poseidon hinterging, blendete und mit seinem ingeniösen Pseudonym »Niemand« (*outis*) austrickste – List siegt über Gewalt –, was den Meeresgott, ohnehin schon verärgert, nur noch mehr erzürnt. Das wusste Odysseus noch dadurch zu steigern, dass er den geblendeten Unhold verspottete, der zugleich als Sinnbild des stigmatisierten »Anderen« oder »Fremden« fungierte – Poseidon schwor dem Spötter Rache. Und der tobende Meergott sollte recht behalten.

Aber so weit sind wir noch nicht. In Buch 10 (K) berichtet Odysseus seinen Gastgebern auf Scheria erst einmal weiter: von seinem Aufenthalt beim Windgott Aiolos, der ihm den legendären Windschlauch verehrte. Fatal, fatal: Nach neun Tagen auf See hatten sie die Heimat Ithaka bereits im Blick, als die unseligen Gefährten den Windschlauch öffneten wie die Büchse der Pandora und sich flugs wieder bei Aiolos fanden: Alle zurück auf ›Los‹. Doch es kam noch schlimmer: Als Nächstes verschlug es sie zu den kannibalischen Laistrygonen, die bei den delikaten Gefährten ordentlich zulangten und auch alle Schiffe bis auf eines zertrümmerten. Mit einigen Begleitern entkam Odysseus zur Insel Aia, auf der die Zauberin Kirke hauste – die wiederum eine beachtliche Zahl an Gefährten in Schweine verwandelte: »Denn sie hatten von Schweinen die Köpfe, Stimmen und Leiber, / Auch die Borsten; allein ihr Verstand blieb völlig, wie vormals. / Weinend ließen sie sich einsperren; da schüttete Kirke / Ihnen Eicheln und Buchenmast und rote Kornellen / Vor, das gewöhnliche Futter der erdaufwühlenden Schweine« (Verse 239–243). Nur mithilfe des legendären Zauberkrauts Moly, das Odysseus von Hermes er-

Odysseus füllt Polyphem mit Wein ab, um ihm dann einen glühenden Pfahl ins Auge zu rammen. Illustration von Alexander Zick für Gustav Schwabs *Sagen des Klassischen Altertums*, 1890.

hielt, konnte er sich selbst gegen den Zauber immunisieren, und schließlich gelang es ihm, Kirke zur Rückverwandlung auch der Gefährten zu bewegen. Ein Jahr blieben sie bei der Zauberin, die sich für den Helden begeisterte, das Misstrauen gegen sie aber nie ganz auslöschen konnte – zu Recht. Auf Kirkes Rat hin machten sich die Gefährten jedoch auf den Weg nach »des tiefen Ozeans Ende«, um beim blinden Seher Teiresias Rat zu erfragen – schon wieder ein Blinder, diesmal ein Hodeget (ein Wegweisender).

Für die Nekyia, die Geisterbeschwörung im 11. Buch (Λ), bedurfte es eines Schlachtopfers, um die Seelen der Toten herbeizulocken. Die blutige Angelegenheit verfehlte ihre Wirkung nicht: »Und nachdem ich flehend die Schar der Toten gesühnet, / Nahm ich die Schafe und zerschnitt die Gurgeln über der Grube; / Schwarz entströmte das Blut: Und aus dem Erebos kamen / Viele Seelen herauf der abgeschiedenen Toten« (Verse 34–37). Auch der ersehnte Teiresias erschien, der einer anderen Überlieferung zufolge sein Geschlecht wandeln konnte, je nachdem er eine weibliche oder männliche Schlange getötet hatte; dieser hatte dem Informationssüchtigen vieles weiszusagen: den ungebrochenen Zorn Poseidons, die dadurch verursachten Reiseprobleme, den Besuch bei den Rindviechern des Helios sowie das große Finale der tödlichen Rache an den Freiern. Von seiner ebenfalls im Reich der Schatten hausenden Mutter Antikleia erfuhr Odysseus die neuesten Neuigkeiten über seine Frau, seinen Sohn und seinen Vater. Doch begegnete er auch Agamemnon und Achill: Während Agamemnon seine Ermordung beklagte, ließ sich Achill von den Heldentaten seines Sohnes Neoptolemos berichten. Auf viele andere Helden und manche Heldin wie Alkmene oder Leda traf Odysseus noch, auch auf Aias, der immer noch wütend auf ihn war wegen des verlorenen Waffendeals (die beiden hatten sich ein Rededuell um die Rüstung des gefallenen Achill geliefert), und Herakles. Dann aber schnell kehrt gemacht: »Fürchtend, es sende mir jetzo die strenge Persephoneia / Tief aus der Nacht die Schreckengestalt des gorgonischen Unholds, / Floh ich eilend von dannen zum Schiffe« (Verse 634–636).

Auch Buch 12 (M) ist den Erzählungen des Odysseus vorbehalten. Er landete nochmals bei der inzwischen zu einer Art Freundin gewordenen Kirke an, die ihm riet, wie er sich für das nächste Abenteuer, die sagenumwobenen Sirenen, wappnen sollte. Den Gefährten wurden die Ohren mit Wachs verstopft, sie konnten den betörenden Gesang der Mädchen nicht hören. Odysseus selbst ließ sich mit offenen Ohren an den Mastbaum fesseln, doch seine inständigen Bitten, zu den tödlichen Wunderwesen vorzudringen, konnten die teilzeittauben Gefährten zum Glück gar nicht hören: »Heißes Verlangen / Fühlt' ich weiter zu hören und winkte den Freunden Befehle, / Meine Bande zu lösen; doch hurtiger ruderten diese« (Verse 192–194). Auch an den gefährlichen Schlünden der Skylla (oben hui: schöne Frau, unten pfui: sechs garstige Hunde) und Charybdis (einem gerne als »gestaltlos« undefinierten Meeresungeheuer) kamen sie vorbei, mussten allerdings sechs Opfer lassen. Das anschließende Anlanden auf der Insel Thrinakia, das ihm Teiresias geweissagt hatte, kostete ihn die letzten Gefährten und ihn selbst beinahe das Leben: Die Begleiter schlachteten ein paar der heiligen Rinder des Helios, der Zeus zu einem rächenden Unwetter animierte, welches die letzten Männer und das letzte verbliebene Schiff zerstörte. Odysseus musste es allein nochmal an den Seemonstern Skylla und Charybdis vorbeischaffen, nur an Kiel und Mastbaum geklammert, um nach neun Leidenstagen bei Kalypso anzulanden – von dort hatte die *Odyssee* ihren Ausgang genommen.

In der Mitte des Epos noch ein Wort zur von Horkheimer/Adorno im Jahr 1944 diagnostizierten Geburtsstunde des selbstbeherrschten Subjekts, zumindest der Idee davon, wie sie mit Blick auf *Odyssee* 12, 154–200, in der Vernunftkritik in der *Dialektik der Aufklärung* aufbereitet ist. Der Text soll die Genese des vernunftgeleiteten Subjekts in der Selbstbehauptung gegenüber den dunklen Mächten des Mythos demonstrieren: »Die Irrfahrt von Troja nach Ithaka ist der Weg des leibhaft gegenüber der Naturgewalt unendlich schwachen und im Selbstbewußtsein erst sich bildenden Selbst durch die Mythen« (zitiert nach der Ausgabe von 1969, S. 53). Vorreiter dieses Emanzipationsprozesses soll nun der gefesselte Odysseus sein, der nicht nur gleichsam beiläufig beim Bestehen der Abenteuer notwendiges Wissen ansammelt, sondern vor allem durch List die Macht der ambivalenten, verführerisch-verderblichen mythischen Ur-Ungeheuer durchbricht und damit zugleich den Weg von der Natur zur Kultur abschreitet. Der Trieb ist durch die vernunftbegründete Selbstbeherrschung, die mit der List als »rational gewordene[m] Trotz« operiert (Horkheimer/Adorno 1969, S. 66), überwunden. Doch gerinnt dieses verdrängte Andere zur Angst, die als dialektische Verklammerung von Furcht und Sehnsucht fortexistiert. Konkret ist die Angst vor dem Tod gemeint, die wiederum mit der Angst vor einem Identitätsverlust gleichbedeutend ist.

Die zweite Epos-Hälfte konzentriert sich dann auf den Nostos, die Heimkehr des Odysseus, inklusive der groß angelegten Rache an den Freiern. Doch zunächst ist in Buch 13 (N) Abschied von den freundlichen Phäaken (und Phäakinnen!) angesagt: Der berühmte Gast wird reich beschenkt, wie es der traditionellen Gastfreundschaft entspricht, und dann per Schiff und bei traumhaft entspannter Fahrt heimgeleitet. (Was der Heimgekehrte nicht mitbekommt: Poseidon ist immer noch verärgert – er lässt das Phäakenschiff auf der Rückfahrt versteinern.) Dennoch ist der Held nicht auf der Höhe; wieder ist es an Athene, der großen Schauspielerin, ihren Schützling in die Spur zu setzen; diesmal kommt sie als Hirtenjunge daher. Prompt erkennt Odysseus sie nicht und belügt sogar sie, bis sie sich untrüglich zu erkennen gibt. Und sie brieft ihn mit dem Elementaren: Die Freier nervten, doch Penelopes Treue sei unverbrüchlich. Wie aber Odysseus' Auftritt daheim vorbereiten? Die Lage ist angespannt. Der Pastor Athene verwandelt Odysseus in einen alten Bettler, als welcher er sich an den Hof des Schweinehirten Eumaios begibt: »Aber damit dich keiner der sterblichen Menschen erkenne, / Muß einschrumpfen das schöne Fleisch der biegsamen Glieder, / Und das bräunliche Haar vom Haupte

**Verkleidet, vorgetäuscht, verwandelt: die Top 5 in *Odyssee* und *Ilias***

1. Kirke verwandelt die Gefährten des Odysseus in Schweine.
2. Odysseus erscheint als Bettler auf Ithaka, als hübscher Jüngling vor Nausikaa, als lügender Kreter unterwegs *und* vor Athene.
3. Iris gibt sich als Priamos-Sohn Polites aus.
4. Apollon kommt als Agenor daher, um ihn vor dem rasenden Achill zu retten.
5. Athene spielt den Trojaner Laodokos, um den vereinbarten Frieden zu brechen.

verschwinden; ein Kittel / Dich umhüllen, den jeglicher Mensch mit Ekel betrachte; / Triefend und blöde seien die anmutstrahlenden Augen, / Daß du so ungestalt vor allen Freiern erscheinest / Deinem Weib und dem Sohne« (Verse 395–402); währenddessen eilt Athene selbst zu Telemach, der sich noch immer bei Helena und Menelaos in Sparta herumdrückt.

Buch 14 (Ξ) zeigt uns, dass der einfache Sauhirt dem Bettler gewogen ist und ihn bei sich aufnimmt. Prompt dankt der es ihm mit einer Lüge, die er so ähnlich schon seiner getarnten Schutzgöttin Athene aufgetischt hatte: Er sei, ausgerechnet, Kreter, so flunkert der falsche Bettler, habe erst vor Troja gekämpft und sei dann gefangen worden bei einem Beutezug in Ägypten, und nach einem Schiffbruch habe er in Threspotien etwas über Odysseus, den Herrn auch des ergriffen lauschenden Gastgebers, erfahren: »Jener (König Pheidon) erzählte mir dort von Odysseus, welcher, zur Heimat / Kehrend, ihn hätte besucht, und viele Freundschaft genossen« (Verse 321–322); dieser sei sodann nach Dodona gegangen, wo die mächtig(st)e Eiche des Zeus steht. Doch komme er bald nach Hause, lügt der Bettler, um seinen eigenen Auftritt behutsam vorzubereiten, was Eumaios dann aber doch misstrauisch macht. Die Skepsis befeuert den Lügner nur noch weiter: Jetzt erzählt er, Odysseus habe ihm vor Troja durch eine List zu einem schicken Mantel verholfen.

In Buch 15 (O) hat Athene damit zu tun, den behäbigen Telemach aus Sparta abzuziehen – immer wieder müssen Götter die säumigen Menschen mahnen und an ihre Pflichten erinnern. Telemach ist sogleich einsichtig und macht sich mit reichlich Geschenken von Helena und Menelaos sowie dem Seher Theoklymenos, nachdem er ihn unterwegs aufgelesen und vor seiner Verurteilung wegen Totschlags (immerhin!)

»Länger ziemt es sich nicht, Telemachos, ferne zu irren,
Da du alle dein Gut und so übermütige Männer
In dem Palaste verließest; damit sie nicht alles verzehren,
Deine Habe sich teilend, und fruchtlos ende die Reise. Auf!«

*Odyssee* 15, 10–14

gerettet hat, auf den Rückweg nach Ithaka. Dort löchert dieweil Odysseus den Sauhirten Eumaios mit Fragen nach seinen Eltern, dem Eremiten Laërtes und der inzwischen vor Gram gestorbenen Antikleia, der der Mythos in verschiedenen Varianten eine Liebschaft mit dem Oberfrevler Sisyphos andichtete – sogar der eine Option als Vater des Odysseus. Der Hirt steht Rede und Antwort und erzählt dann diverse Schwänke aus seinem eigenen Leben. Im Hintergrund nähern sich Vater und Sohn auf unterschiedlichen Erzählsträngen einander an: Telemach kann mit Athenes Hilfe den im Hinterhalt lauernden Freiern entgehen, unbehelligt anlanden und sich auf den Weg zum Hirten – und seinem Vater – machen.

Dort kommt Telemach in Buch 16 (Π) denn auch an; der Hirte wird gleich mit der guten Nachricht zu Penelope geschickt, während Odysseus sich dem Sohn in seiner wahren Gestalt ohne weitere Umschweife zu erkennen gibt: »›Wahrlich, ich bin kein Gott und keinem Unsterblichen ähnlich; / Sondern ich bin dein Vater, um den du so herzlich dich grämest / Und so viele Schmach von trotzigen Männern erduldest.‹ / Also sprach er und küßte den Sohn, und über die Wange / Stürzten die Tränen zur Erde, die lange verhaltenen Tränen« (Verse 187–191). Gemeinsam schmieden sie finstere Rachepläne. Dabei ist es wichtig, dass die Freier zunächst noch nichts von Odysseus erfahren; sollen sie sich ruhig weiter auf den vermeintlich schwachen Sohn konzentrieren, um an die Mutter und die Herrschaft über Ithaka heranzukommen. Die fallen prompt drauf rein, planen neue Attacken gegen Telemach und lassen sich auch von Penelopes Tadel nicht davon abbringen. Inzwischen muss Odysseus seine Bettlerkluft wieder anlegen, da sein ›schweinischer‹ Gastgeber zurückkommt: Auftrag erfolgreich ausgeführt!

In Buch 17 (P) rückt der Fokus allmählich wieder auf Penelope, die verschiedene, einander widersprechende Informationen verarbeiten muss. Zunächst erfährt sie von ihrem Sohn, dass ihr Gatte noch bei Kalypso weile: nicht gerade ein Stimmungsaufheller. Dann aber behauptet Theoklymenos, Odysseus sei längst auf Ithaka angekommen. Wieder eine andere Version bietet der Sauhirte Eumaios: Odysseus halte sich in Threspotien in Epirus auf. Hm, wem glauben? Was stimmt? Der Held wird in seiner Verkleidung derweil vom dreisten Ziegenhirten Melanthios verunglimpft. Die Tiere sind mal wieder klüger als die Menschen: Odysseus' – offenbar methusalemisch alter – Hund Argos erkennt ihn, nach sage und schreibe zwanzig Jahren! Im Zuge des Wiedersehens geht der Hund dann aber schließlich doch in die ewigen Jagdgründe ein. Odysseus dringt in den Palast vor und bettelt bei den Freiern, natürlich unerkannt, woraufhin ihm der arrogante Antinoos einen Hocker an die Schulter wirft: »Sprach's, und warf mit dem Schemel die rechte Schulter Odysseus' / Dicht am Gelenke des Halses. Er aber stand, wie ein Felsen, / Fest und wankte nicht von Antinoos' mächtigem Wurfe« (Verse 462–464).

Buch 18 (Σ) lässt uns Zeugen der sich langsam steigernden Verärgerung des Helden werden: Zunächst ringt er im Faustkampf den frechen Bettler Irus nieder, der ihn verjagen will. Dabei zeigt Odysseus auch mitleidige Züge: Nicht alle Freier sind fies, einer zumal ist sogar eigentlich ganz nett, Amphinomos nämlich; ihn möchte Odysseus warnen, doch schlägt der die Warnungen zu seinem eigenen Pech in den Wind. Athene macht sich indes an die physische Optimierung Penelopes, wodurch die Hoffnungen der Freier auf eine baldige Hochzeit weiter genährt werden: »Allen erbebten die Knie, es glühten die Herzen vor Inbrunst / Und vor banger Begierde, mit ihr das Lager zu teilen« (Verse 211–212). Außerdem motiviert sie das strahlende Äußere der Scheinwitwe zu einem wahren Geschenkeregen. Odysseus frohlockt, denn er weiß: Alles Lüge! Doch da wird er schon wieder mit einem Hocker beworfen, diesmal von Eurymachos, der jedoch einen unbescholtenen Mundschenk erwischt; auch die liederliche Magd Melantho steuert dumme Sprüche bei. Fast wie bei den Jecken hier, mag sich Telemach gedacht haben, und schickt die Freier erstmal nach Hause.

In Buch 19 (T) versteckt ein eingeschworenes Trio infernale, bestehend aus Odysseus, Telemach und Athene, alle im Saal befindlichen Waffen. Odysseus bleibt zurück und begegnet seiner Frau, die noch keine Gelegenheit hatte, ihn wiederzuerkennen: Zunächst befragt sie ihn, berichtet aber auch bereits von ihrem Webetrick, was Ahnung oder Intuition, vielleicht hermeneutische Begabung verrät. Wiewohl zum eintönigen Leben verurteilt, sind es Witz, Klugheit und Selbstbeherrschung, die sie als kongeniale Partnerin erscheinen lassen: Auch in ihr sehen wir ein Subjekt im Ringen um Identität – ihre eigene ist dabei von der des Odysseus schwerlich zu trennen. Doch der Gatte bevorzugt vorerst noch die Rolle des lügenden Kreters: Odysseus werde demnächst aus dem zeusgeweihten Dodona zurückkehren. Bald darauf kommt es zur Fußwaschungsszene, die noch populärer sein dürfte als die von San Giovanni in Laterano: Eurykleia, die Amme des Odysseus, erkennt ihren ehemaligen Zögling nicht etwa an einer Tätowierung, sondern an seiner Narbe am Fuß, und zwar sogleich, also ohne längeren Reflexionsprozess. Die Narbe wird zum untrüglichen Zeichen, zum Inbegriff somatischer Semiotik (Erich Auerbach hat ihr in seinem Klassiker *Mimesis* zu einer Karriere als Motiv verholfen). Verraten darf sie noch nichts, es waltet ein Ritardando. Penelope nutzt den lügenden

Jene kam, wusch ihren Herrn und erkannte die Narbe
Gleich, die ein Eber ihm einst mit weißem Zahne gehauen.
[...]
Diese betastete jetzo mit flachen Händen die Alte
Und erkannte sie gleich und ließ den Fuß aus den Händen
Sinken, er fiel in die Wanne; da klang die eherne Wanne,
Stürzt' auf die Seite herum und das Wasser floss auf den Boden.
Freud' und Angst ergriffen das Herz der Alten: Die Augen
Wurden mit Tränen erfüllt und atmend stockte die Stimme.

*Odyssee* 19, 392–472

Kreter derweil als Deuter ihres Traumes von den toten Gänsen, die der falsche Bettler so selbstgewiss wie selbstbewusst als ermordete Freier interpretiert. Ob Penelope das verstört? Ob sie noch nichts begreift, als beschränkte Frau? Oder ob sie, ganz im Gegenteil, längst Bescheid weiß und den Spieß nach und nach umdreht? Jedenfalls hält sie scheinbar an ihrem Plan fest, am kommenden Tag durch einen Bogenwettkampf entscheiden zu lassen, wer ihr neuer Gatte, wer der künftige Herrscher über Ithaka werden soll.

Ohne Athenes Aktionismus wären auch die letzten fünf Bücher der *Odyssee* nicht zu denken. In Buch 20 (Y) sagt sie ihrem Schützling weitere Hilfe zu. Wir geraten jedoch auch in den Sog des anstehenden Festes für – ausgerechnet – Apollon, den Gott der Trojaner, welches von der Amme Eurykleia und den als durchtrieben stigmatisierten Mägden vorbereitet wird. Neben der treuen Amme und dem bescheidenen Sauhirten Eumaios bevölkern weitere Unbelehrbare wie Melanthios das Buch, der Odysseus einmal mehr verspottet. Dazu muss sich der Arme von einem der Freier, Ktesippos, sogar von einem harten und hässlichen Kuhfuß (*boos pous*) bewerfen lassen: Es wird Zeit für einen Perspektivwechsel. Die glücklosen Freier schmieden einen weiteren Mordplan, um den lästigen Telemach aus dem Weg zu schaffen, lassen sich jedoch von Amphinomos davon abbringen. Im Ganzen aber bleiben sie uneinsichtig und schlagen noch die düstersten Vorzeichen in den Wind; vielmehr klopfen sie sich vor Lachen auf die Schenkel, als ihnen der Seher Theoklymenos ihren nahenden Tod prophezeit. In diesem 20. Buch finden wir indes auch eine Passage, die für die Frage nach Handlungsfreiheit und subjektiver Autonomie von großer Relevanz ist: Die berühmte Selbstermahnung des Odysseus in den Versen 13–21 hat bereits Platon in seine subjekttheoretischen Erwägungen einbezogen. Im Bild eines bellenden Hundes appelliert Odysseus an sein Herz, sich zu beruhigen und auszuharren, um die mit den Freiern kokettierenden verräterischen Mägde nicht auf der Stelle zu erschlagen, sondern besonnen und seinem Charakter gemäß zu handeln: »Im Innersten bellte sein Herz ihm: [...] Dulde, mein Herz! [...] Und sein empörtes Herz ermannte sich schnell und harrte standhaft aus« (Verse 18–24).

In Buch 21 (Φ) stehen die Zeichen ganz auf Wettbewerb: Mutter und Sohn bereiten Bogen, Köcher und Äxte vor. Kleine Spezialität: Es handelt sich um die Waffen des Odysseus. Die trickreiche Aufgabe lautet: Wer den Bogen entspannt gespannt kriegt und einen Pfeil durch alle zwölf Äxte jagt, den, so die Strohwitwe, werde sie denn auch endlich heiraten. Überraschung: Keiner kriegt's hin, auch übrigens Telemach nicht, der selbst nicht widerstehen kann (ob er wohl Ödipus Konkurrenz

»Auf, ihr Freier, wohlan! Denn jetzo erscheinet ein
Wettkampf!
Hier ist der große Bogen des göttergleichen Odysseus.
Wessen Hand von euch den Bogen am leichtesten spannet
Und mit der Sehne den Pfeil durch alle zwölf Äxte
hindurchschnellt;
Seht, dem folg ich als Weib aus diesem werten Palaste
Meines ersten Gemahls, dem prächtigen reichen Palaste,
Dessen mein Herz sich vielleicht noch künftig in Träumen
erinnert.«

*Odyssee* 21, 73–79

machen will?). Da naht die große Stunde des Helden: Odysseus beginnt gemächlich mit seiner Enttarnung, zunächst vor den beiden treuen Hirten, Eumaios und Philoitios, und schnappt sich, sehr zum Missfallen der Freier: Was wagt der törichte Bettler?, den eigenen Bogen. Alle zwölfe! Vater und Sohn rücken im Blickfeld der empörten Freier zusammen, während die Eingeweihten Haus und Hof versperren (und die Dame des Hauses, das Opfer aller Begierde, sich diskret zurückzieht).

Und so kann in Buch 22 (X) die große Rache, sprich: das große Töten der Freier, immerhin des hoffnungsvollen einheimischen Nachwuchses, ihren Lauf nehmen. Der tolldreiste Antinoos ist als Erster dran. Während die übertölpelten anderen noch vergeblich nach Waffen suchen (die waren ja vorher von den Eingeweihten wohlweislich beseitigt worden), gibt sich Odysseus seinen Todfeinden unmissverständlich zu erkennen. Er erhält Unterstützung durch seinen Sohn und die beiden treuen Superhirten. Auch Athene kann sich, einmal mehr, nicht zurückhalten. Die Freier werden gefällt, ob sie betteln und Wiedergutmachung in Aussicht stellen oder dreist dagegenhalten: keine Gnade, wir sind ja auch lange vor christlicher Zeit. Alle sind sie hin, nur der Sänger bzw. »Sprecher« Phemios und der Herold Medon werden verschont. Nicht so die Verräter im eigenen Haus: Die vulgären Mägde werden reihenweise aufgeknüpft, der verräterische Ziegenhirte Melanthios wird vorm Todesstoß noch ordentlich verstümmelt: »Jetzo holten

**Die scheußlichsten Morde in der *Odyssee***

1. Der Zyklop Polyphem erschlägt Gefährten des Odysseus wie junge Hunde, das Gehirn spritzt, sie werden zerteilt und aufgefressen.
2. Die Skylla futtert sechs Gefährten des Odysseus bei lebendigem Leibe.
3. Die verräterischen Mägde am Hof von Ithaka werden aufgeknüpft.
4. Die kannibalischen Laistrygonen spießen Menschen wie Fische auf und schmausen genüsslich.
5. Der Ziegenhirt Melanthios wird zu Tode verstümmelt.

sie auch den Ziegenhirten Melantheus / Und sie schnitten ihm Nas' und Ohren mit grausamem Erze / Ab, entrissen und warfen die blutige Scham vor die Hunde, / Hauten dann Händ' und Füße vom Rumpf mit zürnendem Herzen« (Verse 474–477). Am Ende steht eine große Reinigungszeremonie, der Dreck muss weg: Daher wird der Saal von Odysseus höchstselbst einmal kräftig mit Schwefel durchräuchert (und dann sicher gelüftet).

Und danach, *post festum*, nach dem großen Gemetzel? Nun, es fehlt ja noch etwas ganz Entscheidendes: die Liebe. Genauer, die Wiedervereinigung der Eheleute. Sie folgt in Buch 23 (Ψ). Doch bleibt Penelope skeptisch noch, nachdem die Amme ihr alles offenbart hat – kein Wunder nach all den Jahren. Gibt's also einen Beweis? Ein Zeichen? Zeichen sind doch das Wichtigste überhaupt! Aber ja, weiß die Amme: die Narbe am Fuß, an der auch sie den Herrn erkannt habe. Doch bleiben Zweifel, so dass die kluge Penelope ihrem Gatten nicht gleich hingebungsvoll um den Hals fällt, sondern sich schweigend ihm gegenübersetzt. Aber er hat doch, Athene sei Dank, seine echte Gestalt wieder! Allein, was heißt das schon – nach zwanzig Jahren erkennen auch die vertrautesten Liebenden einander nicht unbedingt gleich wieder. Das Bett wird sinnigerweise zum finalen Erkennungszeichen, genauer: seine spezielle Architektur. Es ist um einen Baum herumgebaut, was nur die beiden Beschlafenden wissen können. Auf Penelopes Trick, ihn zum Hinaustragen der unbeweglichen Schlafstatt zu motivieren, fällt der Herrscher nicht rein. Dieses Indiz der Beständigkeit führt zur Anerkenntnis des Gemahls; zugleich ermöglicht Penelope Odysseus mit der Entschlüsselung dieses Codes den Nachweis seiner Identität: »Der Fürstin erzitterten Herz und Kniee, / Als sie die Zeichen erkannte, die ihr Odys-

Ist dieser Mann *ihr* Mann? Athene beseitigt die Zweifel Penelopes. Radierung/Gravur von Theodoor van Thulden, 1632/33.

seus verkündet: / Weinend lief sie hinzu und fiel mit offenen Armen / Ihrem Gemahl um den Hals und küsste sein Antlitz und sagte: / ›Sei mir nicht bös, Odysseus! Du warst ja immer ein guter / Und verständiger Mann!‹« (Verse 206–210). Sie erkennen einander (an), einverstanden!, und – ab ins Bett. Danach werden die Erlebnisse ausgetauscht – ein großes Festival der Reden, noch dazu von Gleichberechtigung geprägt.

Ist das nicht ein vollkommenes Happy End? Eigentlich schon, und so wundert es nicht, dass Buch 24 (Ω) – wie die »Telemachie« zu Beginn – von einigen für unecht gehalten wurde. Denn es besteht aus drei Teilen: einer Nekyia, der Wiedererkennung mit Vater Laërtes und der Niederringung der Verwandten der Freier. Ja, hier geht es überraschend nochmal Richtung Unterwelt; es findet eine artgerechte Katabasis statt, eigentlich mehr als nur eine Nekyia wie in Buch 11: Der Götterbote Hermes geleitet die gemeuchelten Freier standesgemäß in den Tartaros, wo sie allerlei tote Haupthelden aus der *Ilias* antreffen, darunter Achill und Patroklos, Aias und Agamemnon. Letzterer erweist sich als ausgesprochen redselig: So berichtet delikaterweise ausgerechnet er, der beschämend hinterrücks Ermordete, dem Achill, der sich über seinen heldenhaften Tod freut, von den Ereignissen bei dessen Begräbnis. Die Freier erfahren ihrerseits einiges Überraschende über Odysseus, halten dann aber auch mit den jüngsten Geschehnissen auf Ithaka nicht hinterm Berg. Jeder steuert etwas bei zum großen Geschichtenteppich. Agamemnon zeigt auch noch Gefühle: Er ist neidisch auf Odysseus wegen dessen treuer Gattin, wo er selbst mit der treulos-mörderischen Helena-Schwester Klytaimnestra gestraft war. Das war's für unten. Oben stellt Odysseus, ganz, wie es seine Art ist, zu guter Letzt auch noch seinen Vater Laërtes auf die Probe, bevor er sich zu erkennen und dem alten Herrn seinen Seelenfrieden wiedergibt. Am Ende steht noch ein vergleichsweise harmloses Gerangel mit den rachsüchtigen Angehörigen der Freier, bevor Athene den finalen Frieden stiftet. Ende gut, alles gut, drei Generationen vereint: »Da rief mit herzlicher Freude Laertes: / Welch ein Tag ist mir dieser! Ihr Götter, wie bin ich so glücklich! / Sohn und Enkel streiten den edlen Streit um die Tugend!« (Verse 512–514). Ein Ende, das im Vergleich mit der *Ilias* von vielen als eher geschlossen betrachtet wird; ob man aber mit Blick auf die *Odyssee* von der Genese einer neuen Rechtsordnung sprechen will, sei dahingestellt.

## Ein bisschen Pathos zum Schluss: Homer heute

»Hat er überhaupt gelebt?« Das war die zitierte Ausgangsfrage. Und sie lässt sich eindeutig beantworten: Ja, hat er. Als großer Unbekannter mit gewaltiger Nachwirkung, als multikultureller Textteppich, der belegt, dass am relativen Beginn der abendländischen Literatur ähnliche Probleme stehen wie jetzt, über 2500 Jahre später. So hat er auch gespalten; vor allem die anthropomorphen Zeichnungen der Götter mit ihren grellen Eitelkeiten haben bei namhaften Kritikern schon früh für Unmut gesorgt: Der Dichter und Philosoph Xenophanes (6./5. Jahrhundert v. Chr.) brachte den Frevel auf die Formel »Homer lügt!« und stiftete damit eine Tradition, in der sich prominente Namen wie Hesiod und Hekataios, Solon und Thukydides sowie, vor allem, der platonische Sokrates finden. Überwältigend und unentrinnbar ist jedoch sein Ruhm, was unter vielen der Astronom Manilius auf den Punkt brachte: »Alle nachfolgenden Generationen leiteten die Ströme, die von Homers Lippen stürzten, in ihre Lieder und wagten es, seinen Fluss in ihre kleinen Bächlein zu verzweigen, befruchtet durch die Reichtümer dieses einen Mannes« (*Astronomica* 2, 8–11, zitiert nach dem *Homer-Handbuch*, S. 311). Die praktischen Schwierigkeiten des Anschlusses soll Vergil passend artikuliert haben: »Es ist leichter, dem Hercules die Keule zu entwinden als dem Homer einen Vers« (so bei Aelius Donatus, *Leben Vergils* 46).

Auch die Kommentierung setzte bereits frühzeitig ein, so dass die Werke alsbald zum Bildungskanon auch der Schüler gehörten; in den Komödien des Aristophanes (5. /4. Jahrhundert v. Chr.) werden bereits Homer-Vokabeln abgefragt. Zu den ersten Höhepunkten gehört die Präzision, mit der die Alexandriner seit dem 3. Jahrhundert v. Chr. die Homer-Philologie entwickelten, die Erklärung Vers für Vers und Wort für Wort sowie die Technik, die Interpolation einzelner Verse nachzuweisen. Auch die Überlieferung ist reich. Neben etwa 1500 antiken Papyri, die Teile der *Ilias* überliefern, verfügen wir über Handschriften auf Pergament aus dem Mittelalter und der Renaissance. Die erste gedruckte Ausgabe der *Ilias* wurde 1488 in Florenz von Demetrios Chalkondyles erstellt, der Wiegendruck der *Odyssee* stammt aus Florenz (1488). Hernach wird die Lage schwieriger. Die mittelalterliche und zum Teil auch frühneuzeitliche Homer-Auffassung gestaltet sich in den Worten Wim Verbaals als »indirekte Anti-Rezeption der Nicht-Präsenz des Vaters aller Dichter« (*Homer-Handbuch*, S. 329), und der Blick auf die ersten Übersetzungsversuche in der Renaissance ergibt, dass Homers Ruhm zunehmend auf Klischees gegründet war und dass zumal der Troja-Stoff vornehmlich über andere Wege – Vergil, Ovid, Dictys und Dares – weitergelangte. Schließlich waren Homers Texte lange Zeit nur indirekt bekannt, da sein Griechisch nicht verstanden wurde. Das änderte sich mit dem Aufkeimen der romantischen Debatte um Homer als Originalgenie, dem niemand, weder Grieche noch Römer noch sonst wer, an »edler Einfalt«

und »stiller Größe« das Wasser reichen könne. In einem Brief des Malers Johann Heinrich Wilhelm Tischbein d. J. an Goethe anno 1782 heißt es: »Ich habe das Buch so lieb, daß [...] ich, wenn ich sterbe, die bitten [wollte], welche um mich sind, daß sie mir die Ilias auf die Stirne legten und die Odyssee auf die Brust; denn oft sind mir die Thränen aus den Augen geborsten und auf die Brust gefallen, daß sie naß worden« (zitiert nach Kunze 2002, S. 143). Die Liste dieser vielfältigen Projektionen ließe sich beliebig fortsetzen bis in modernere Zeiten, von denen bereits die Rede war.

Odysseus als Werbe-Ikone im 20. Jahrhundert: Die Wiedererkennungsszene mit dem Hund aus Buch 17 der *Odyssee* auf einem der Sammelbildchen, wie sie im späten 19. und frühen 20. Jahrhundert den Verkauf von »Liebig's Fleisch-Extract« befeuern sollten (1904).

Zum Schluss möchte ich mich noch einmal der Frage nach Homers ›Aktualität‹ zuwenden und deren Komplexität an einem Beispiel illustrieren. Hat Homers Heldenwelt über die erzählerische Bedeutung, das reine »Bildungswissen« und die – mitunter tränenreiche – ästhetische Erfahrung hinaus den Menschen im 21. Jahrhundert noch etwas zu sagen? Zorn und Rache, Götter und Helden mit eifersüchtigen Ränkespielen, Gewalt an Männern und Frauen, Sklaven: Ist die erzählte Welt gerade in der übersensiblen heutigen Zeit nicht allzu fremd und geradezu – verstörend? Sind die homerischen Menschen überhaupt handlungsfähig oder doch bloß Spielbälle der Götter? Die Frage nach der Selbstbestimmtheit, mithin Modernität der homerischen Helden ist lange Zeit vor dem Hintergrund einer konstruierten Moderne-Antike-Antithese diskutiert worden: Demnach lassen sich Vorstellungen von einem autonomen, selbstbestimmten, individuell-freien Erkenntnissubjekt der Moderne mit solchen eines heteronom – vor allem durch Götter und gesellschaftliche Normen – beeinflussten, unfreien ›Subjekts‹ der Antike nur schwer vereinbaren. Von nachhaltigem Einfluss sind die Forschungen Bruno Snells. Unter dem Einfluss des Historismus Wilhelm Diltheyscher Provenienz argumentierte er geschichtsphilosophisch und ging von Bewusstseinsstufen vor der ›Entdeckung‹ des Selbstbewusstseins aus, und auch der Körper sei bloß als »Summe von Gliedern« erfasst worden (Snell 1986, S. 18); in den Snells Thesen folgenden Worten Peter Sloterdijks verfügten die alten Griechen in der Literatur über eine »Komposit- oder Behälterpersönlichkeit« (Sloterdijk 2006, S. 23); demnach gab es nur »persönliche Erfahrung, jedoch keine persönlichen Leistungen« (Snell 1941, S. 25). Dagegen haben u.a. die Studien von Arbogast Schmitt erwiesen (Schmitt 1990), dass auch der homerische Mensch, so sehr er auch von den Göttern geführt und beeinflusst wurde, doch in der Lage war, einen rationalen Zugang zu seinem Selbst zu erhalten, Einsicht zu nehmen und zwischen verschiedenen Handlungsoptionen zu wählen; sein Handeln steht mit dem Willen des Gottes *und* seinem eigenen in Einklang. Dieser Zugang schließt auch die Bereiche ein, die in traditioneller Bewusstseinsphilosophie als unbewusst oder irrational gelten.

Damit wäre der Gegensatz zwischen dem alten »Furor«, dem es an einer »affektzügelnden Instanz« mangelte (Sloterdijk 2006, S. 24), und dem aufgeklärten Subjekt längst nicht so unüberbrückbar, wie es scheinen mag. Denken wir vor allem an Odysseus, den Mann der Stunde, dessen zwielichtiger Charakter von jeher – von Pindar bis Voltaire – scharfe Kritik zu provozieren wusste und erst von Späteren als Identifikationsmodell in Betracht gezogen wurde. Seine *metis*, die Klugheit, die immer kühn, mutig und selbstbewusst in den Abgrund der List, der Täuschung, der Verstellung blickt – sie ist es, die das Zeug zu einem Heroischen der Zukunft hat. Vor allem dort, wo sie sich rhetorisch entfaltet – Odysseus ist ja auch ein großer Redner. Nicht nur, aber vor allem an Odysseus erkennen wir, dass und wie die Menschen Homers mit ihren verschiedenen Facetten für Überraschungen sorgen auch dort, wo sie überkommene Ordnungen transportieren. Diese Gestalt ist, will ich meinen, nach wie vor – und jetzt erst recht! – durchtrieben, hintergründig, unberechenbar und: ja, auch unmoralisch genug, die Flammen der Altertumswissenschaften am Lodern zu halten.

Nicht nur durch diese berückende Figur bleibt das Fremde hinreichend nahe, um es beschreibend zu erfassen und zu aktuellen Dispositionen ins Verhältnis zu setzen. Homer hat seinen Platz im öffentlichen Leben und nicht nur im Bücherschrank oder in den kundigen Händen der Philologie. Es sind andere Vorstellungen nicht zuletzt vom Menschen, von menschlichem Leben in seiner Vielfalt und Vielgestaltigkeit, andere moralische Werte vor allem, die ins Blickfeld rücken und die neunmalklugen, selbstgerechten Leser – und Leserinnen – des 21. Jahrhunderts mit ihren brutalen Seziermessern therapieren können, die eine schnörkellose Wohlfühllektüre *for everybody* ermöglichen wollen, in welcher es keine »problematischen« Darstellungen von fremden Völkern, von Frauen, von Gewalt, von Menschen einfacher Herkunft etc. zu geben hat.

Für dahingehend Ambitionierte ist es natürlich einfacher, an den eigenen Vorbehalten und Vorurteilen festzuhalten, und dazu gehören eben auch schlichte Schwarz-Weiß-Bilder über antike Texte – und ihre Verfasser. Und doch sei am Ende eine pathetische Prognose gewagt: Alle diskriminierenden Anfeindungen gegen die Altertumswissenschaften werden es nicht verhindern können, dass Homer unter den hundert berühmtesten Autoren auch fürderhin einen der ersten Plätze einnehmen wird. Eigentlich auch nicht erstaunlich für einen Autor, von dem ein bisschen in uns allen steckt – von seinen Texten, aber auch von ihm ›selbst‹. CHAIREIN!

## Lektüretipps

Barthes, Roland: Der Tod des Autors. In: Fotis Jannidis [u. a.] (Hrsg.): Texte zur Theorie der Autorschaft. Stuttgart 2000. S. 185–193.

Bethe, Erich: Homerphilologie heute und künftig. In: Hermes 70.1 (1935) S. 46–58.

Grethlein, Jonas: Die *Odyssee*. Homer und die Kunst des Erzählens. München 2017.

Horkheimer, Max / Adorno, Theodor W.: Dialektik der Aufklärung. Frankfurt a. M. 1969.

Hose, Martin: Fiktionalität und Lüge. Über einen Unterschied zwischen römischer und griechischer Terminologie. In: Poetica 28.3–4 (1996) S. 257–274.

Latacz, Joachim: Homer übersetzen. Zu Raoul Schrotts neuer *Ilias*-Fassung. In: Akzente 53.4 (2006) S. 357–383.

– Troia und Homer. Der Weg zur Lösung eines alten Rätsels. Leipzig $^{6}$2010.

Latacz, Joachim [u. a.] (Hrsg.): Homer. Der Mythos von Troja in Dichtung und Kunst. München 2008.

Neiman, Susan: Auch wir können Helden wie Odysseus sein. In: Heldengedenken. Über das heroische Phantasma. Merkur 724/725 (2009) S. 849–859.

Rebenich, Stefan: Ein ehrgeiziges Migrantenkind, leider kastriert. Raoul Schrotts Buch über Homer, dessen Heimat und die ›realen Hintergründe‹ des Kampfes um Troja. In: NZZ (15. 3. 2008).

Rengakos, Antonios / Zimmermann, Bernhard (Hrsg.): Homer-Handbuch. Leben – Werk – Wirkung. Stuttgart/Weimar 2011.

Rösler, Wolfgang: Die Entdeckung der Fiktionalität in der Antike. In: Poetica 12 (1980) S. 283–319.

– Lautes und stilles Lesen im antiken Griechenland. In: Ernst, Wolfgang / Kittler, Friedrich (Hrsg.): Die Geburt des Vokalalphabets aus dem Geist der Poesie. Schrift, Zahl und Ton im Medienverbund. München 2006. S. 65–72.

Schmitt, Arbogast: Selbstständigkeit und Abhängigkeit menschlichen Handelns bei Homer. Hermeneutische Untersuchungen zur Psychologie Homers. Stuttgart 1991.

Siebler, Michael: Elftausend Verse Groll. In: FAZ (12. 5. 2004).

Sloterdijk, Peter: Falls Europa erwacht. Gedanken zum Programm einer Weltmacht am Ende des Zeitalters ihrer politischen Absence. Frankfurt a. M. 1994.

– Zorn und Zeit. Politisch-psychologischer Versuch. Frankfurt a. M. 2006.

Snell, Bruno: Das Erwachen der Persönlichkeit in der frühgriechischen Lyrik. In: Die Antike 17 (1941) S. 5–34.

– Die menschliche Gesellschaft bei Homer: In: Burían, Jan / Vidman, Ladislav (Hrsg.): Antiquitas Graeco-Romana ac tempora nostra. Prag 1968. S. 36–38.

– Der Beginn des literarischen Dialogs. In: Antike und Abendland 22.1 (1976). S. 137–139.

– Die Entdeckung des Geistes. Studien zur Entstehung des europäischen Denkens bei den Griechen. Göttingen 1986.

Sommer, Manfred: Zu keiner Zeit passen. Die Entdeckung des Geistes und der Prozeß der theoretischen Neugierde. In: Möller, Melanie (Hrsg.): Prometheus gibt nicht auf. Antike Welt und modernes Leben in Hans Blumenbergs Philosophie. Paderborn 2015. S. 77–87.

Thomä, Dieter: Warum Demokratien Helden brauchen. Plädoyer für einen zeitgemäßen Heroismus. Berlin 2019.

Weber, Gregor: Neue Kämpfe um Troia. Genese, Entwicklung und Hintergründe einer Kontroverse. In: Klio 88.1 (2006) S. 7–33.